ENGLISCHE GRAMMATIK RICHTIG ANWENDEN (TEIL 2: ENGLISCHE GRAMMATIK)

von Birgit Kasimirski

Bibliografische Information der Deutschen Nationalbibliothek: Die Deutsche Nationalbibliothek verzeichnet diese Publikation in der Deutschen Nationalbibliografie; detaillierte bibliografische Daten sind im Internet über https://www.dnb.de abrufbar.

Englische Grammatik richtig anwenden - Teil 2: Englische Grammatik in der Praxis
(Originalausgabe)
1. Auflage, 2024

Verlag
KLHE Verlag
C. Klein & J. Helbig GbR
Hortensienstr. 26
40474 Düsseldorf

Gestaltung
Umschlaggestaltung: © Christopher Klein, KLHE Verlag
Umschlagfoto: © Jochen Rolfes
Lektorat & Korrektorat: KLHE Verlag
Layout: @deekay_1, Christopher Klein

ISBN: 978-3-98538-167-8

Weitere Informationen:
www.klhe.de

Bonus-Material zum Buch

Liebe*r Leser*in,

bei unseren Büchern richten wir den Fokus stets auf die unmittelbare Anwendbarkeit des vermittelten Wissens in der Praxis. Mit diesem Ziel entstand in den vergangenen Jahren – basierend auf dem breiten Erfahrungsschatz der Autorin Birgit Kasimirski – ein einzigartiger Newsletter mit hilfreichen Übungen, Zusatzmaterialien und wertvollen Inhalten zum Thema „Englische Grammatik richtig anwenden".

Tragen Sie sich ein und erhalten Sie kostenlose Zusatzmaterialien und -Informationen und auch rechtzeitig Hinweise zu exklusiven Angeboten und Geschenkaktionen! Wir wünschen schonmal viel Erfolg!

Link zum kostenfreien Material:
https://www.klhe.de/sprache/newsletter-englische-grammatik/

DANKSAGUNG

Für meine Kinder und alle, für die Englisch wichtig ist.
Vielen Dank an meine Lernenden, die mir ihr Vertrauen entgegengebracht haben. Sie alle sind mein Erfahrungsschatz.
Ein großer Dank geht an meinen Mann Dirk, an David aus Malvern (UK), sowie an Mechthild und Mone. Mit eurer Unterstützung konnte dieses Buch entspannt entstehen.

INHALTSVERZEICHNIS

„I have been impressed with the urgency of doing. Knowing is not enough; we must apply. Being willing is not enough; we must DO.“
– Leonardo da Vinci

VORWORT

Ein weiteres Übungsbuch zur englischen Grammatik?

Dieses Buch ist die Fortsetzung (Band 2) von dem Buch (.... ISBN VERWEIS). In Band 1 werden alle Zeiten der englischen Grammatik erläutert und Übungen zur Verfügung gestellt. In diesem Band liegt der Schwerpunkt bei If-Sätzen (Conditonals) und anderen wichtigen Aspekten der englischen Sprache.

Diese Übungsbuch ist wichtig, denn der Bedarf an Englisch nimmt weiter zu. In ganz vielen Bereichen im Arbeits- und Freizeitumfeld bemerken Menschen, dass ihnen gute Englischkenntnisse weiterhelfen (würden). ArbeitgeberInnen erwarten, dass MitarbeiterInnen problemlos an Konferenzen - online oder persönlich - in einem internationalen Umfeld teilnehmen können. Viele Unternehmen agieren zunehmend weltweit. Andere Länder (z.B. Niederlande, China, Indien) legen seit eh und je einen starken Wert darauf, dass Englisch gelehrt und gelernt wird. Kurzum: Englisch ist und bleibt wichtig.

Meine Erfahrung aus fast 20 Jahren mit Lernenden ist diese: Ein Teil der Bevölkerung hat nach der Schule bereits mit Englisch gearbeitet, war im Ausland, hat im Studium oder bei Fortbildungen Texte auf Englisch konsumiert oder produziert und dadurch eine Sprachkompetenz erworben, die nötig ist, um problemlos Konversation zu betreiben. Der andere Teil hat Englisch nach der Schule nicht mehr oder nur sehr wenig benutzt. Diese letztere Gruppe macht einen großen Anteil aus. Viele Menschen in Deutschland haben wenig, gute oder sehr gute Vorkenntnisse, aber es fehlt an Praxis, Übung und Routine. Es gibt große Wissenslücken bei der Anwendung der englischen Grammatik, da die Schulzeit weit zurückliegt. Für diese Gruppe schreibe ich das Buch, sowie für SchülerInnen ab etwa Klasse 9.

Falls Sie Englisch im Beruf brauchen: Vermeiden Sie es, an internationalen Konferenzen teilzunehmen? Englisch zu verstehen, ist nicht Ihr Problem - Sie möchten aber nichts sagen! Scheuen Sie Smalltalk auf Englisch? Bitten Sie

Ihre KollegInnen aus den Niederlanden, mit Ihnen Deutsch zu sprechen? Dann sind Sie nicht alleine! Ganz vielen anderen geht es genauso.

Mit dieser Buchserie, die in zwei Teilen aufgelegt wird – Teil 2 halten Sie in der Hand, möchte ich Ihnen helfen, mit Spaß und Motivation zügig Ihre Sprachkenntnisse zu verbessern. Es wäre schön, wenn Sie in Zukunft jede Gelegenheit wahrnehmen, das Gelernte anzuwenden und keine Scheu davor haben, auf Englisch zu kommunizieren. Englisch sollte zu etwas Normalem werden.

Betrachten Sie dieses Buch als Ihren persönlichen **Sprach-Trainer**. In Teil 1 lernen und üben Sie alle Zeitformen ein, in diesem Teil 2 liegt der Schwerpunkt auf Konditionalsätzen, Steigerungen, Präpositionen, Passive Voice und anderen wichtigen Aspekten, um die englische Sprache richtig anzuwenden. In beiden Teilen erfahren Sie in einzelnen Kapiteln, wie die Zeiten richtig anzuwenden sind. Einen Großteil der Kapitel machen die Übungen aus. Dabei sind Sie gefragt, die Grammatik zu trainieren. Die Übungen sind unterteilt in die Bereiche **Leisure** und **Business**, das heißt Sie können das Buch nutzen, unabhängig davon, wo Ihr persönlicher Schwerpunkt liegt. Im Bereich **Leisure** erhalten Sie etwas mehr Hilfestellung. In Ihrem Lernprozess halte ich Sie im Buch zu einer guten Mischung aus Aktivität und Pausen an. Daher finden Sie regelmäßig Aufforderungen, das Buch zur Seite zu legen und eine Tasse Tee (oder Kaffee) zu genießen. Denn es ist wie bei allen Dingen: Informationen und neu Gelerntes sacken zu lassen und mit ein bisschen Abstand wieder erneut darauf zurück zu kommen, unterstützt den Lernprozess.

Das bringt mich zu einem wichtigen Aspekt: Wir Deutsche sind für unsere Gründlichkeit bekannt. Wir wollen immer 100, lieber noch 150 Prozent geben. Nur bitte setzen Sie sich nicht zu sehr unter Druck, seien Sie geduldig, wenn Sie zu Beginn nicht direkt alles richtig in die Praxis umsetzen können. Eine Verbesserung auf 80 Prozent korrekt ist auch viel wert. Kaum ein Brite oder Amerikaner würde denken „Was für Fehler!“, sondern vielmehr: „Eine Fremdsprache würde ich auch gerne sprechen“. Und finden wir die Verwechslung der Artikel *der/die/das,* wenn diese einem Franzosen unterlaufen, nicht charmant? Vielmehr kann der eigene Anspruch, keine Fehler machen zu wollen, hinderlich sein, wenn dieser Sie davon abhält, überhaupt in eine englische Konversation einzusteigen. Denn dann verpassen Sie etwas Wichtiges: das Sprechen. Die größten Fortschritte werden Sie immer durch aktives Anwenden erreichen. Just do it! Practice, practice, practice.

Mein Fokus liegt auf dem britischem Englisch (BE).

Möchten Sie wissen, *wo Sie stehen*, dann finden Sie im Internet unter https://www.europaeischer-referenzrahmen.de/sprachniveau.php Informationen zu den sechs Sprach-Niveaus: A1, A2, B1, B2, C1 bis hin zu C2 (Muttersprachler).

Ich hoffe, ich kann Sie in meinen Büchern dazu ermutigen, Ihre Englischkompetenzen mit Freude neu aufzufrischen, zu verbessern, Fehlerquellen zu erkennen und einiges rund um Englisch ein für allemal zu verstehen.

EINLEITUNG

Wie lernen Sie Sprache am besten?

Eine Verbesserung Ihrer Sprachkompetenz können Sie auf unterschiedliche Weise erreichen. Die beste Art und Weise ist immer ein Aufenthalt im Land der Zielsprache. Dann sind Sie als Lernende/r unentwegt der neuen Sprache ausgesetzt, hören diese und müssen sprechen.

Eine weitere Möglichkeit ist, die Zielsprache zu konsumieren: Filme auf Englisch schauen, Podcasts anhören, Bücher, Magazine oder Zeitungen lesen, sich im Internet Videos anschauen und/oder einen „Native Speaker" treffen. Die Idee dahinter ist es, die Zielsprache so oft und viel wie möglich zu hören und vor allem durch Nachahmung zu lernen. Das ist ein wichtiger Teil auf dem Weg zur verbesserten Sprachkompetenz.

Viele Menschen haben die Regeln der Grammatik einmal gelernt, aber nicht wiederholt oder bewusst angewendet. Dann müssen Sie manchmal bestimmte Dinge nachlesen. Dazu eignen sich Bücher nach wie vor sehr gut! Also t*he good old way* - Lernen mit einem Buch – funktioniert auch heute immer noch gut. Und es gibt verschiedene Lerntypen: visuell, auditiv, kommunikativ und motorisch. Vermutlich wissen Sie, was Ihnen beim Lernen besonders gut hilft: Abbildungen, Kennzeichnungen, Kommunikation, Hören. Machen Sie sich Ihre Art, gut zu lernen, zunutze.

Hinsichtlich der Grammatik bedarf es einer gehörigen Portion an Motivation, um die Regeln und Vokabular zu lernen. Wir dachten, wir sind aus der Schule raus und brauchen es nicht mehr - im Falle des Lernens einer Fremdsprache stimmt das leider nicht. Es braucht ein gewisses Maß an Wissen über die Regeln der Grammatik, um sicher in der Sprache kommunizieren zu können. Dieses Maß an Wissen - und damit meine ich nur die wirklich wichtigen Dinge - präsentiere ich Ihnen kompakt in meinen Büchern.

Zur Festigung der Theorie bedarf es der Übung. Unser Gehirn muss neue Verbindungen bilden und je öfter wir diese Verbindungen benutzen, desto größer ist die Wahrscheinlichkeit, dass wir das neue Wissen abrufen können. Das ist die Antwort auf die obige Frage. Ich schreibe diese Bücher, um Ihnen praxisnahe und nützliche Übungen für die englische Grammatik an die Hand zu geben. Anders als viele Übungsbücher, folge ich keinem Schulcurriculum, sondern zeige Ihnen auf, was meiner Erfahrung nach besonders relevant für Ihre Sprachpraxis ist und folge dabei dem Motto: „As much as necessary, as little as possible" – **So viel wie nötig, so wenig wie möglich**.

Meine Intention ist dabei immer: nützliche Sätze, also Sätze, wie sie im Alltag von Menschen vorkommen können und praxisnahe Situationen in den Fokus zu stellen.

Ich hoffe, dass ich damit das Lernen leichter und spannender mache.

FÜR WEN IST DIESES BUCH (BAND 1 UND BAND 2) GEEIGNET?

Diese Buchreihe schreibe ich für alle, die Vorkenntnisse haben. Meistens betreffen diese das Schulenglisch und mehr oder weniger weitere Erfahrungen mit der Sprache außerhalb der Schule.

Bei den Vorkenntnissen gibt es jedoch auch Abstufungen. Wie im Vorwort erwähnt, sprechen wir von insgesamt sechs LEVEL, in die Sprachkenntnisse europaweit eingeteilt werden. Diese Bücher richten sich vor allem an Menschen auf einem mittleren Sprach-Level. Haben Sie ein höheres Niveau (B2+, C1) erreicht, werden Ihnen die angesprochenen Themen wahrscheinlich keine Schwierigkeiten bereiten. Vielleicht finden Sie dennoch den einen oder anderen Aspekt, der für Sie neu ist.

Die unterschiedlichen Voraussetzungen von Lernenden berücksichtige ich durch die Unterscheidung der Übungen in die Bereiche **Leisure** und **Business**. So setze ich im Bereich **Leisure** (*Freizeit*) weniger Kenntnisse voraus und gebe Verben und Signalwörtern vor. Im Bereich **Business** ist das anders. Für Sie als LeserIn bedeutet das, dass Sie in jedem Fall Übungen in diesem Buch finden werden, die für Ihren persönlichen Lernfortschritt hilfreich sind.

TIPPS ZUR NUTZUNG

Wie nutzen Sie BAND 2 optimal?

Zeitliche Flexibilität ist beim Erlernen einer Sprache zunehmend wichtig. Ihr Lernprozess ist so **individuell** wie Ihre Anforderungen. Ihr Englisch hat ein bestimmtes Niveau. Wenn Sie das Buch als Ihren persönlichen Sprach-Trainer betrachten, bietet es Ihnen die **Flexibilität**, selbst zu bestimmen, wann sie es zur Hand nehmen und wie oft Sie darin lesen oder damit üben.

Bestimmen Sie Ihr Workout selbst: Heute eine Übung und morgen zwei? Sind Sie ein Sprinter oder brauchen sie etwas Zeit? That's up to you - ganz nach Ihrem Gusto. Lernen Sie in Ihrem eigenen Tempo und erhalten Sie sich damit die Freude am Thema.

Ich schlage vor, Sie lesen zuerst meine Anmerkungen „*GRUNDSÄTZLICHES ZUR ENGLISCHEN GRAMMATIK*“ und „*GRUNDSÄTZLICHES ZU DEN ÜBUNGEN*“, verschaffen sich dann einen Überblick im Inhaltsverzeichnis und entscheiden, wo Ihre Schwächen und Interessen liegen. Was wollen Sie als Erstes verbessern? Unter „*WIE SIE LERNFORTSCHRITTE MESSEN?*“ finden Sie nützliche Tipps, wie Sie feststellen können, ob sich etwas verändert. Für Eilige gibt es den „QUICK READER“: Schlagen Sie die erste Seite eines Kapitels auf und finden Sie dort einen Kasten mit einigen Verben – derart konjugiert, wie es die jeweilige Grammatik erfordert. Manchen Lernenden reicht diese Information möglicherweise bereits, um sich zu erinnern.

Selbstverständlich können Sie das Buch auch von vorne bis hinten durchlesen.

Vielleicht stellen Sie sogar einen Trainingsplan auf. Dann haben Sie ein Ziel und es fällt Ihnen leichter, das Buch regelmäßig zur Hand zu nehmen. Sehr sinnvoll ist es, Englisch von nun an in Ihren Alltag zu integrieren. Hierfür habe ich einen **Remind-Myself-Zettel** für Sie vorbereitet (siehe nachfolgende Seite).

Dieser kann zu einer nützlichen Gedankenstütze und zum Hilfsmittel in Ihrem Lernprozess werden. Kopieren Sie den Zettel und legen ihn tagsüber in Ihre Reichweite. So kann schnell mal ein Gedanke (*Wie könnte ich das auf Englisch formulieren? Das Wort möchte ich unbedingt nachschlagen*) festgehalten werden. Denn:

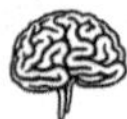 Wir lernen am besten, wenn...

... wir wiederholen – idealerweise kurz nachdem wir etwas neu gelernt haben.
... wir motiviert sind.
... wir das Gelernte als sinnvoll und verständlich wahrnehmen.
... wir in kleinen Einheiten – am besten täglich – lernen.
... wir mit allen Sinnen lernen.

Die vier Kategorien auf dem **Remind-Myself-Zettel** sind nur Vorschläge. Es geht vielmehr darum, Englisch (lernen) in Ihren Alltag zu integrieren.

Ein weiterer TIPP: Nehmen Sie sich vor, alles, was Sie sich täglich notieren (Einkaufszettel, Stichpunkte etc.), auf Englisch zu schreiben.

Hier finden Sie einen Link zum Download/Ausdruck finden Sie hier: https://birgitkasimirski.de/wp-content/uploads/2021/08/Remind-Myself_ToDos.pdf

REMIND MYSELF ...TO DOS...

...look up vocabulary words...	... expressions/sentences I often need...
...podcasts, interesting homepages, mnemonic aids (Eselsbrücken)...	...repeat/train...

GRUNDSÄTZLICHES ZUM AUFBAU

Dieses Buch enthält vier Kapitel. Diese befassen sich mit den If-Sätzen, sogenannten Conditionals (Kapitel 1), mit wichtigen Aspekten der Sprache wie Much versus Many, Some versus Any, Since versus For, Who versus Which, Singular versus Plural Nouns und dem bestimmten Artikel (Kapitel 2), mit Adjektiven, Vergleichen, Steigerungen, Modalverben (Kapitel 3), Präpositionen, Passive Voice, Gerundien, Imperativ (Kapitel 4. Im Anhang finden Sie eine Liste der 65 häufigsten Verben im Simple Present + Simple Past, sowie Tipps zum Lernen und zu Lernfortschritten und ein Schlagwörter-Register.

Jedes Kapitel beginnt mit Erläuterungen – möglichst kurz und knapp. Ich verwende im Buch **Icons** aus dem Bereich des Sports (sehen Sie Grammatik als **sportliche Herausforderung**). Die Icons bei den Erläuterungen sind Hinweise dafür, was auf Sie zukommt. Das Icon einer Hantel zeigt hier an: „Das ist heavy stuff!", also mühsam. Bei diesen Abschnitten muss man sich konzentrieren. Bevor es zu den Übungen geht, finden Sie das Icon einer Teetasse. Nun können Sie durchatmen und noch einmal rekapitulieren: Was also ist wichtig?

Dann geht es zum Kern, quasi in den Trainingsraum: Zu den Übungen, welche Icons für welche Art Übung stehen, lesen Sie unter *Grundsätzliches zu den Übungen* nach.

Die Übungsbereiche sind aufgeteilt in **Leisure** und **Business**. Hier heißt es *YOUR WORKOUT – YOUR TURN*. Nun entscheiden Sie, welcher Bereich Sie interessiert und ob Sie mehr oder weniger Hilfestellungen möchten. Denn im Bereich **Leisure** werden die Verben und Signalwörter vorgegeben. Dort beziehen sich die Sätze auf alltägliche Dinge rund um Familie, Freizeit, Reisen und enthalten entsprechendes Vokabular. Im **Business** verzichte ich auf Hilfe(n) und Sie finden Sätze aus dem Arbeitsleben mit dementsprechend anderem Vokabular. Der Aufbau in beiden Bereichen ist sehr ähnlich. Die Lösungen *„CHECK YOUR ANSWERS"* finden Sie jeweils auf der direkt nachfolgenden Seite. Zu jedem Übungssatz biete ich Erklärungen an und gebe Hinweise, die, meiner Erfahrung nach, Fragen bei Lernenden aufklären.

Auf einigen Seiten finden sich nützliche Vokabeln, auf Übungsseiten sind Vokabeln grau hinterlegt. Verteilt im Buch finden Sie englische Entsprechungen für deutsche Sprichwörter.

Meine Motivation

Ich habe eine klare Vorstellung davon, was für jede/n Lernenden wichtig ist und ich möchte Sie dort abholen und Ihnen aufzeigen: *Welche Zeiten helfen weiter, um Gegenwart, Vergangenheit und Zukunft in der englischen Sprache richtig auszudrücken und warum*? Wichtig ist mir dabei, dass ich nicht einem Lehrplan folge, sondern erfahrungsgemäß aus dem Sprachgebrauch heraus eine Auswahl treffe: Welche Lektionen brauchen Sie, um sich ausdrücken zu können und welche nicht?

Der Grund für diese Herangehensweise liegt auf der Hand: Ich bin Journalistin und selektiere von Berufs wegen zwischen Wichtigem und weniger Relevantem. Auf Englisch würde ich sagen: I can't help it.

Last but not least: Ich bin von England geprägt und benutze daher die britische Schreibweise, also z.B. neigb**ou**r (BE) und nicht neighb**o**r AE (American English). Das ist Geschmackssache und kann in Ihrem Umfeld anders gefordert sein. Das Eine ist genauso wenig falsch oder richtig wie das Andere. Ebenso wenig falsch oder richtig ist die Verwendung von dieser oder jener Vokabel – denn es gibt, wie so oft, viele Arten, um etwas auszudrücken. Wenn Sie bei einer Übung also eher ein anderes Wort nutzen würden: Please do! Es geht in den Übungen vor allem darum, Ihnen aufzuzeigen, welche Zeit die beste Wahl ist.

REFLEXION – WO STEHEN SIE UND WAS IST IHR ZIEL?

Wie bereits kurz angesprochen, kann der Hang zur Perfektion beim Erlernen einer neuen Sprache hinderlich sein. Wir müssen also akzeptieren, dass uns – wenn wir beginnen zu kommunizieren – nicht derselbe Wortschatz und die Fähigkeit zur Verfügung stehen wird, wie in der eigenen Sprache. Es ist ein Prozess.

Komplexe Sätze mit anspruchsvollen Vokabeln herleiten zu können, sollte also nicht der erste Schritt sein. Wichtiger ist es in diesem Stadium, sicher und richtig Sätze zu bilden, möglicherweise mit *vermeintlich* einfacheren Worten, als Sie auf Deutsch wählen würden. Die gute Nachricht ist: Die englische Sprache lebt von aktiven kurzen Sätzen. Schachtelsätze wie im Deutschen sind viel weniger verbreitet. Engländer tendieren dazu, Dinge s*traightforward und in kurzen Sätzen aktiv auszudrücken*. Das ist für Sie ein guter Weg, um anzufangen, die Sprache zu sprechen und nicht, indem Sie Ihre vorformulierten deutschen Sätze 1:1 übersetzen wollen (mitunter ein schier unmögliches Unterfangen). Sie kennen eine Vokabel nicht – macht nichts, drücken Sie es anders aus! Free yourself! Ein Ziel ist es, Sätze eigenständig auf Englisch zu bilden und nicht zu übersetzen. Und dann heißt es: Trainieren Sie! Practice, practice, practice! Bis Englisch sprechen ganz natürlich für Sie wird. Machen Sie sich bewusst: Wenn Sie die Struktur (Grammatik) gut beherrschen und diese automatisiert erfolgt, können Sie endlos Vokabular aufbauen.

Lernen Sie neues Vokabular dazu, bleiben Sie neugierig, versuchen Sie, Formulierungen zu imitieren. Denn Sprachenlernen ist Lernen durch Nachahmen. Genau das geschieht, wenn Sie in einem fremden Land sind: Sie merken sich Formulierungen zu bestimmten Handlungen und sind nach und nach in der Lage, diese selber aktiv einzusetzen.

Und welcher Lerntyp sind Sie? Fällt Ihnen Imitieren leicht? Tun Sie es! Brauchen Sie Struktur? In meinen Büchern finden Sie Antworten auf Ihre Fragen. Sind Sie beeindruckt von Menschen, die unglaublich gut frei Sprechen können, auch auf Deutsch? Beobachten Sie sich selbst: Wie spreche ich in meiner Muttersprache? Bin ich zurückhaltend, überlege ich gut, was ich sage, oder bin ich impulsiv? Sehr wahrscheinlich werden Sie auch im Englischen auf ähnliche Weise kommunizieren.

Wenn wir erkennen, was uns daran hindert, zufrieden mit unserem Lernfortschritt zu sein, können wir vielleicht unsere Strategie anpassen.

GRUNDSÄTZLICHES ZUR ENGLISCHEN GRAMMATIK

Im Folgenden erkläre ich kurz und knackig einige fundamentale Themen der Grammatik, die für Lernende wichtig sind. Die Zeiten selbst sind in diesem Band 2 nicht enthalten, sondern in Band 1.

Grammatik gibt Struktur. Struktur ist wie ein Gerüst, an dem wir uns festhalten oder zumindest orientieren können. Unsere Muttersprache haben wir alle mühelos durch Nachahmung und Anwendung gelernt. Wir *wissen ganz einfach,* wie es heißen sollte. Eine Fremdsprache zu lernen, bedeutet, dass wir uns die Struktur, den Aufbau aneignen müssen, wir müssen lernen, was sich manchmal mühsam anfühlt.

Aber – und das ist eine gute Nachricht – im Fall von Englisch ist es so, dass die meisten von uns das Grundgerüst bereits einmal gelernt haben. Vielleicht wackelt es an manchen Stellen, doch durch die Vorkenntnissse sind schnell gute Fortschritte möglich. Meine Aufgabe ist es, Ihnen zu zeigen, **welche Stellen im Gerüst** (Aspekte der Sprache) der englischen Grammatik **besonders wichtig sind** (weil sie diese brauchen) und worauf Sie achten können, wenn Sie auf Englisch besser kommunizieren möchten.

GEGENWART - VERGANGENHEIT – ZUKUNFT

Ich möchte, dass Ihnen bewusst wird, dass Sie – grammatikalisch - immer eine Entscheidung treffen, d.h., ob Sie über Dinge sprechen, die in der

GEGENWART ODER VERGANGENHEIT ODER ZUKUNFT PASSIEREN.

Je nachdem, welche Zeit Sie benutzen, drücken Sie eben genau das aus:

<table>
<tr><th>VERGANGENHEIT</th><th>GEGENWART</th><th>ZUKUNFT</th></tr>
<tr><td>SIMPLE PRESENT</td><td>SIMPLE PAST</td><td>WILL</td></tr>
<tr><td>PRESENT CONTINUOUS</td><td>PAST CONTINUOUS</td><td>FUTURE CONTINUOUS</td></tr>
<tr><td>PAST PERFECT</td><td></td><td>FUTURE PERFECT</td></tr>
<tr><td></td><td></td><td>GOING TO</td></tr>
<tr><td colspan="2">PRESENT PERFECT</td><td></td></tr>
</table>

Alle Zeiten werden in Band 1 erläutert und es gibt Übungen hierzu..

AUSSAGE - VERNEINUNG - FRAGE

Ich möchte Ihnen außerdem vermitteln, dass es wichtig ist, zu beachten, ob etwas formuliert wird als **AUSSAGE, ODER VERNEINUNG** oder **FRAGE.**

Positive Aussagen sind meist leicht zu bilden, da Sie der Struktur von Subjekt – Verb – Objekt folgen. Die englische Grammatik sieht bestimmte Regeln bei Verneinungen und Fragen vor (z.B. die Nutzung des Hilfsverbs do/does/did*).*

Unter den Erläuterungen finden Sie in jedem Kapitel Beispiele zur Bildung von

 Aussage

 Frage: Satzanfang !

 Verneinung = not

 (Kurz-)Antwort

Mehr Infos in Band 1.

GRUNDSÄTZLICHES ZU DEN ÜBUNGEN

Die Übungen sind aufgeteilt in die Bereiche **Leisure** und **Business**. Die Anforderungen an die Regeln und Aspekte unterscheiden sich nicht.

In jedem Kapitel beziehen sich die Übungen auf die jeweilige behandelte Zeit. Ich mixe hier absichtlich nicht die Zeiten untereinander, da das Einstudieren der richtigen Anwendung im Vordergrund steht. Manchmal stelle ich zwei Zeiten gegenüber, das steht dann jedoch in der Anleitung. Im Anschluss an Kapitel 6 finden Sie den Übungsteil Kompakt. In diesem Bereich können Sie *alle* Zeiten (Kapitel 1 bis 6) in gemischten Übungen trainieren.

Sie finden auf jeder Seite mit Übungsfragen in der rechten oberen Ecke eine Angabe, wie viele Übungssätze es in diesem Kapitel und Bereich gibt: Beispiel: **1-10/**40 SIMPLE PRESENT. Sie bearbeiten dann gerade die Sätze 1 bis 10 zum diesem Thema von insgesamt 40 Übungssätzen.

Die Lösungen CHECK YOUR ANSWERS finden Sie auf der nachfolgenden Seite, Sie müssen also lediglich umblättern. Die Lösungssätze heben die wichtigen grammatikalischen Stellen hervor und Sie erfahren, wo mögliche Fehlerquellen liegen könnten.

Zur Orientierung finden Sie in diesem Buch den Übungen entsprechend passende Icons:

SAY IN ENGLISH

Bei diesen Übungen werden Sie gefragt, komplette Sätze vom Deutschen ins Englische zu übersetzen (unbekannte Vokabeln sind angegeben). Es ist in der Regel ein Mix aus Aussagen, Fragen und Verneinungen und fragt alle in den Erklärungen genannten Aspekte dieser Zeit ab.

FILL IN THE GAPS

Bei dieser Aufgabe sind Sie gefragt, die korrekte Form der Grammatik einzusetzen.

ANSWER THE QUESTION

Diese Übung behandelt teilweise geschlossene Fragen (Yes, No) und offene Fragen. Aufgabe ist, zu trainieren, dass im Englischen häufig so geantwortet werden kann, wie gefragt wurde: **Is** Peter at work? Yes, he **is**.

ASK QUESTIONS

Ihre Aufgabe ist in dieser Übung, Fragen korrekt zu formulieren.

FIND & FIX THE MISTAKE

Bei dieser Übung müssen Sie einen grammatikalischen Fehler, der sich im Satz versteckt hat finden und korrigieren.

Generell gilt:

Bei allen Lösungssätzen können Formulierungen immer auch anders ausfallen. Ich tendiere zu geläufigen Formulierungen. Der Aspekt Grammatik steht im Vordergrund. Bitte haben Sie das im Hinterkopf und werten eine Antwort nicht als falsch, sollten Sie sich für eine andere Vokabel entschieden haben.

Wie viele der Übungen Sie erledigen, **bleibt Ihnen überlassen**.

Mein Tipp: Üben Sie besonders die Kapitel, bei denen Sie (noch) viele Fehler machen.

„Übung macht den Meister“...  **...“practice makes perfect“**

1 CONDITIONALS - IF-CLAUSES

CONDITIONALS sind Bedingungssätze, auch IF-CLAUSES genannt. Es gibt drei Typen: FIRST, SECOND & THIRD CONDITONAL. Diese stelle ich im Folgenden vor. Haben Sie die Struktur verstanden und eingeübt, können sie diese bald korrekt bilden. Für **alle** drei Typen gilt:

IF wird hier verwendet im Sinne von **FALLS** (Bedingung). Es muss erwähnt werden, dass if und when leicht verwechselt werden. when = sobald (zeitlich), if = falls (möglicherweise ja / nein).

If-Sätze bestehen aus **jeweils zwei Satzteilen**.

FIRST CONDITIONAL (TYP I)

Typ I benutzen wir, um auszudrücken: WENN A passiert, dann FOLGT B (Ursache, Folge). Typ I wird immer dann verwendet, wenn eine Bedingung wahrscheinlich und möglich ist.

Satzteil 1	Satzteil 2
Wenn es regnet	nehme ich einen Schirm mit.
If it **rains**,	I will take an umbrella.
I will take an umbrella	**if** it **rains**.

Die Reihenfolge, welcher Satzteil vorne steht, ist egal. WICHTIG ist, dass WILL + IF **niemals zusammen** im gleichen Satzteil stehen. WILL muss verwendet werden, wenn eine Bedingung zum Ausdruck kommt: *wenn (if-Teil), dann (will-Teil).*

GOOD TO KNOW

Es gibt Sätze, die mit IF etwas generell Gültiges aussagen (ohne Bedingung) Beispiel: *Wenn ich viel Cola trinke, kann ich schlecht schlafen.* Dabei brauchen wir kein *will*: If I **drink** a lot of Coke, I **can't** sleep very well. Diese Sätze werden als ZERO CONDITIONAL bezeichnet. Ich gehe nicht weiter auf sie ein, denn sie werden mühelos gebildet.

QUICK READER FIRST CONDITIONAL

Bedingungssatz: wenn A passiert, dann folgt B

I will work late **if** my boss **wants** me to.

If I **read** the new book, will you talk about it with me?

If we **drive** to Spain this summer, we will meet our friends.

We will join you **if** you **go** to the canteen today.

Dortmund will win the championship **if** they **win** tonight.

THE ESSENTIALS FIRST CONDITIONAL

- Bedingung ausdrücken, wenn – dann... Ursache/Folge
- Besteht aus **zwei** Satzteilen
- Ein Satzteil: *if + SIMPLE PRESENT*
- Anderer Satzteil: *WILL*
- *WILL + if* dürfen nie in einem Satzteil stehen
- Hinter ***WILL*** will folgt immer ein INFINITIVE
- *WILL* = werde/n (nicht wollen)

COMMON MISTAKES

- Die Regeln des SIMPLE PRESENT werden nicht konsequent angewendet (***he/she/it***, das „s" muss mit).
- *if + WILL* werden im gleichen Satzteil verwendet.
- *WILL* wird als *wollen* verwendet.
- Bei Fragen wird das ***WILL*** nicht an den Satzanfang gestellt.

THIS IS HOW IT WORKS

Aussage

Satzteil 2 **will (+ INFINITIVE)**			
If	I	**leave** now,	I will be at home by 6 pm.
If	you	**call** me,	I will give you the recipe.
If	he/she/it	**shares** information,	we will continue to work with him.
If	we	**get** there by 7,	you will join us.
If	you	**keep** your promises,	we will keep ours.
If	they	**run** out of money,	they will call us.

Verneinung = not

Satzteil 1 IF + SIMPLE PRESENT			Satzteil 2 **will not = won't (+ INFINITIVE)**
If	I	**don't leave** now,	I will not = won't be at home by 6 pm.
If	you	**don't call** me,	I will not give you the recipe.
If	he/she/it	**doesn't share** information,	we won't continue to work with him.
If	we	**do not get** there by 7,	you won't join us.
If	you	**do not keep** your promises,	we will not keep ours.
If	they	**don't run** out of money,	they will not call us.

Frage: Satzanfang der Frage muss hier mit WILL beginnen(trotzdem könnten die Satzteile auch in anderer Reihenfolge stehen!)

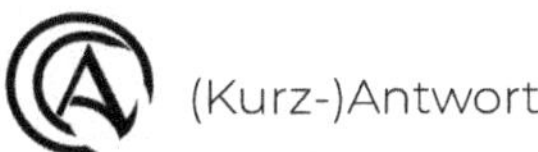

(Kurz-)Antwort

Satzteil 2 **will (+ INFINITIVE)**	**Satzteil 1 IF + SIMPLE PRESENT**	
Will I be at home by 6 pm	**if** I **leave** now?	Yes, I **will**.
Will I give you the recipe	**if** you **call** me?	No, I **won't.**
Will we continue to work with him	**if** he **doesn't share** information?	No, we **will not**.
Will you join us	**if** we **get** there by 7?	Yes, you **will.**
Will we keep our promises	**if** you **keep** yours?	Yes, we **will**.
Will they call us	**if** they **run** out of money?	No they **won't.**

Have a break! Time for a cup of tea or coffee!

- *recipe:* Rezept
- *to get there (by):* ankommen (bis)

LET'S RECALL: FIRST CONDITIONAL

- Bedingungssatz: wenn – dann / Ursache, Folge
- Zwei Satzteile: *if + SIMPLE PRESENT / WILL*
- *WILL + if* **nie zusammen** im Satzteil

„as sure as eggs is eggs" ... **... "klar wie Kloßbrühe"**

SECOND CONDITIONAL (TYP II)

Typ II benutzen wir, um über HYPOTHESEN zu sprechen, also NICHT REALE Dinge. Wir möchten diese Sätze oft übersetzen: ***If you would be rich... you would*** (Falsch!). Der Typ II wird immer dann verwendet, wenn die Bedingung möglich, aber unwahrscheinlich ist. Auch in diesem Typ dürfen ***if + would*** **niemals im gleichen Satzteil** stehen *(„If" and „would" is never good)*.

Satzteil 1	Satzteil 2
Wenn du reich wärst	würdest du in Dubai leben.
If you **were** rich,	you would live in Dubai.
You would live in Dubai	**if** you **were** rich.

Auch in diesem Typ ist die Reihenfolge, also welcher Satzteil vorne steht, egal.

Unterschiede zum FIRST CONDITIONAL	SECOND CONDITIONAL
-aus ***will*** wird	***would***
-aus SIMPLE PRESENT wird	SIMPLE PAS

QUICK READER SECOND CONDITIONAL (Typ II)

Hypothesen (mit Bedingung) ausdrücken – etwas, das **nicht real** ist

I would work late **if** my boss **wanted** me to.
If I **read** the new book, would you talk about it with me?
If we **drove** to Spain this summer, we would meet our friends.
We would join you **if** you **went** to the canteen today.
Caroline would win **if** she **took** part in the competition.

Diese Sätze sind oft ungeübt und wir versuchen, 1:1 zu übersetzen, was aber nicht funktioniert. Einfacher, finde ich, ist die Analogie in der Bildung zum FIRST CONDITIONAL zu verstehen: dort ist es SIMPLE PRESENT, bei Typ II SIMPLE PAST!

THE ESSENTIALS SECOND CONDITIONAL

- Hypothese ausdrücken... etwas, das **nicht real ist**
- Besteht aus **zwei** Satzteilen
- Ein Satzteil: *if + SIMPLE PAST*
- Anderer Satzteil: *would*
- *if + would* dürfen nie in einem Satzteil stehen.
- Hinter ***would*** folgt ein INFINITIVE.

COMMON MISTAKES

- Es ist nicht bekannt, dass SIMPLE PAST verwendet werden muss.
- Stattdessen wird versucht, 1:1 zu übersetzen.
- Die Regeln von SIMPLE PAST werden nicht konsequent angewendet
- (2. Form, unregelmäßige Verben).
- if + would werden im gleichen Satzteil verwendet *(If and would is never good).*
- would wird in beiden Satzteilen verwendet.
- Bei Fragen wird would nicht an den Satzanfang gestellt.

THIS IS HOW IT WORKS

Aussage

Satzteil 1 IF + SIMPLE PAST			**Satzteil 2** **would (+ INFINITIVE)**
If	I	**lived** abroad,	I would speak no German.
If	you	**were** younger,	you would understand the teens.
If	he/she/it	**left** the company,	he would miss the colleagues.
If	we	**had** a dog,	someone would have to walk it.
If	you	**knew** my brother,	you would like him.
If	they	**split up**,	she would move in with her mom.

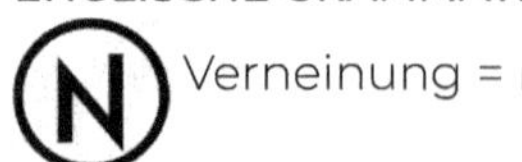

Satzteil 1 IF + SIMPLE PAST			Satzteil 2 would not (+ INFINITIVE)
If	I	**didn't live** abroad,	I wouldn't speak German.
If	you	**weren't** younger,	you wouldn't understand the teens.
If	he/she/it	**didn't leave**,	he would not miss the colleagues.
If	we	**hadn't got** a dog,	we wouldn't have to walk it.
If	you	**did not know** him,	you would not like him.
If	they	**did not split up**,	she would not move in with her mom.

Frage: Satzanfang der Frage muss hier mit would beginnen,(trotzdem könnten die Satzteile auch in anderer Reihenfolge stehen!)

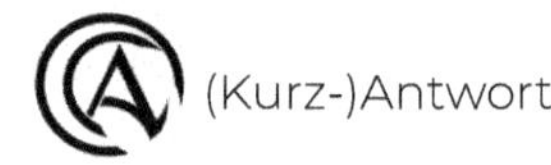

Satzteil 2 would not (+ INFINITIVE)		Satzteil 1 IF + SIMPLE PAST	
Would	I speak German	**if** I **lived** abroad?	No, I **wouldn't**.
Would	you understand the teens	**if** you **were** younger?	Yes, you **would**.
Would	he miss the colleagues	**if** he **left**?	No, he **would not**.
Would	we have to walk the dog	**if** we **had** one?	Yes, we **would**.
Would	you like my brother	**if** you **knew** him?	Yes, you **would**.
Would	they move in with mom	**if** they **split up?**	No, they w**ouldn't**.

- *to walk the dog:* Gassi gehen,
- *to split up:* sich trennen,
- *to move in with s.b.:* mit jemandem zusammenziehen,
- *to live abroad:* im Ausland leben

! Contractions = Kurzformen sehen bei dieser Zeit so aus:

I'd *live (would live) abroad if I spoke better English.*
She'd l*eave her job (would leave) if she had a new one.*

Nicht immer hört man diese Abkürzung, wenn schnell gesprochen wird!

GOOD TO KNOW

Wollen wir **müssen** im Zusammenhang mit *will* oder *would* ausdrücken, müssen (!) wir dieses über die Ersatzform ***have to*** tun: ***I will have to..., he would have to...***
will must / would must **gibt es nicht!**

One more to go, but have a break now!

LET'S RECALL: SECOND CONDITIONAL

- Hypothese, etwas das nicht real ist
- Zwei Satzteile: *if + SIMPLE PAST / would*
- *would + if* **nie zusammen** im Satzteil
- Nicht in beiden Satzteilen would benutzen.
- Regeln des SIMPLE PAST beachten.

„to be fed up" ... **... "die Nase voll haben"**

„Third time is a charm." ... **...„Aller guten Dinge sind drei."**

THIRD CONDITIONAL (TYP III)

Typ III benutzen wir, um auszudrücken, WAS HÄTTE SEIN KÖNNEN (in der Vergangenheit). Die Bedingung ist also nicht mehr erfüllbar. Es ist unmöglich und unwahrscheinlich, dass sie eintritt.

Der dritte Typ scheint kompliziert zu sein. Mit dem Wissen über die Regeln und wie sie gebildet werden, sind sie aber recht gut erlernbar. Wie beim FIRST und SECOND CONDITIONAL gilt auch beim Typ II wieder: Es gibt ZWEI Satzteile. *would + if* stehen nicht zusammen in einem Satzteil *(If and would is never good)* und die Reihenfolge beider Satzteile ist egal.

Satzteil 1	Satzteil 2
Wenn ich die Unterlagen früher gehabt hätte,	wäre ich vorbereitet gewesen.
If I **had had** the files earlier,	I would have been prepared.
I would have been prepared	**if** I **had had** the files earlier.

Ein Satzteil:	IF + PAST PERFECT
Anderer Satzteil:	would + PRESENT PERFECT

Sie sollten also PRESENT PERFECT und PAST PERFECT anwenden können!

Remember:

PRESENT PERFECT	= have/has + 3. Form
PAST PERFECT	= had + 3. Form

QUICK READER THIRD CONDITIONAL (Typ III)

was hätte sein können, aber nicht so war

I would **have worked** late **if** my boss **had wanted** me to.

If I **had read** the new book, would **have talked** about it with you.

If we **had driven** to Spain last summer, we would **have met** our friends.

We would **have joined** you **if** you **had gone** to the canteen yesterday.

Caroline would **have won if** she **had taken** part in the competition.

Diese Sätze sind sehr oft ungeübt und es wird versucht, 1:1 zu übersetzen, was aber überhaupt nicht funktioniert. Bei diesem Typ heißt es: Regeln lernen, anwenden, üben, üben, üben... Wenn Ihnen das im Moment (noch) zu viel erscheint – stellen Sie dieses CONDITIONAL hinten an. Benutzen Sie diese Sätze häufig? Können Sie das aktuell eventuell anders ausdrücken? Auch dabei empfehle ich allen, im eigenen Tempo zu lernen!

THE ESSENTIALS THIRD CONDITIONAL

- Sagt aus, was hätte sein können.
- Besteht aus zwei Satzteilen.
- Ein Satzteil: *if + PAST PERFECT*
- Anderer Satzteil: *would + PRESENT PERFECT*
- ***would + if*** dürfen nie in einem Satzteil stehen.
- Als Eselsbrücke ***(mnemonic)*** können wir dieses Conditional
- PERFECT CONDITIONAL nennen (in beiden Satzteilen steht Perfect).

▯ *mnemonic:* Eselsbrücke

COMMON MISTAKES

- Es ist nicht bekannt, wie die Sätze gebildet werden.
- Es wird versucht, 1:1 zu übersetzen.
- Die Regeln von SIMPLE und PAST PERFECT sind nicht bekannt.
- if + would werden im gleichen Satzteil verwendet.
- would wird in beiden Satzteilen verwendet.

GOOD TO KNOW

Statt would kann auch could/might verwendet werden. Die Kurzform `d kann in beiden Satzteilen vorkommen – und für had und would stehen.

If **I'd** asked, I**'d** have got an answer.
had would
Nicht immer hört man diese Abkürzung, wenn schnell gesprochen wird!

Auszug aus A Promised Land, **Barack Obama:**

„And if my friends had ever asked me directly, I'm not sure I'd have had a good answer."

THIS IS HOW IT WORKS

Aussage

Satzteil 1 **IF + PAST PERFECT**			Satzteil 2 **would PRESENT PERFECT**
If	I	**had known** you earlier,	we would **have been** friends for longer now.
If	you	**had studied** harder,	you might **have got** better marks.
If	he/she/it	**had kept** the stuff,	she could **have sold** it.
If	we	**had had** a dog before,	I would **have known** how to educate it.
If	you	**had known** my father,	you would **have liked** him.
If	they	**had stayed** longer,	they might **have missed** the award.

□ *mark:* Note, *award:* Verleihung

Verneinung = not

Satzteil 1 IF + PAST PERFECT			Satzteil 2 would not + PRESENT PERFECT
If	I	**hadn't known** you earlier,	we would not **have been** friends for longer now.
If	you	**had not studied** harder,	you might not **have got** better marks.
If	he/she/it	**hadn't kept** the stuff,	she couldn't **have sold** it.
If	we	**had not had** a dog before,	I would not **have known** how to educate it.
If	you	**had**n't **known** my father,	you wouldn't **have liked** him.
If	they	**had not stayed** longer,	they might not **have missed** the award.

Frage: Satzanfang der Frage muss hier mit would beginnen, (trotzdem könnten die Satzteile auch in anderer Reihenfolge stehen!)

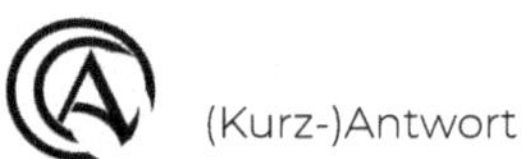
(Kurz-)Antwort

Satzteil 2 would + PRESENT PERFECT		Satzteil 1 IF + PAST PERFECT
Would	we **have been** friends longer	**if** I **had known** you earlier?
Might	you **have got** better marks	**if** you **had studied** harder?
Could	she **have sold** it	**if** she **had kept** the stuff?
Would	I **have known** how to educate the dog	**if** we **had had** one before?
Would	you **have liked** my father	**if** you **had known** him?
Might	they **have missed** the award	**if** they **had stayed** longer?

Yes, we **would**.
Yes, you **might**.
No, she **couldn't.**
Yes, I **would**.
No, you **wouldn't**.
Yes, the **might**

BEFORE YOU START THE WORKOUT

LET'S RECALL: THIRD CONDITIONAL

- Was hätte sein können...
- Zwei Satzteile: ***if*** + PAST PERFECT / ***would*** + PRESENT PERFECT
- ***would + if*** stehen **nie zusammen** im Satzteil.
- Nicht in beiden Satzteilen ***would*** benutzen.
- Regeln des Perfects (Simple + Past) kennen.

„to see the forest for the trees" ... ... "den Wald vor lauter Bäumen nicht sehen"

„bite the bullet" ... ... "über den eigenen Schatten springen"

HINWEIS

Die Übungen zu FIRST, SECOND und THIRD CONDITIONAL sind folgendermaßen aufgebaut: In jedem der beiden Bereiche (**Leisure** & **Business**) gibt es zunächst Sätze (SAY IN ENGLISH) getrennt nach FIRST (1-10), SECOND (11-20) und THIRD CONDITIONAL (21-30). Bei **Leisure** erhalten Sie – wie immer – Hilfestellung in Form von Vokabular.

Dann folgt die Aufforderung: „FILL IN THE GAPS" (31-45). Bei diesen Aufgaben kommen alle drei Formen gemischt vor. Im Bereich Leisure ist pro Satz eine Lücke zu füllen. Im Bereich Business sind zwei Lücken zu füllen.

Die Sätze 46-60 teilen sich auf in ANSWER THE QUESTION (46-50) und FIND & FIX THE MISTAKE (51-60). Damit enthält dieses Kapitel insgesamt 120 Übungssätze.

Konditionalsätze sind ein wichtiger Bestandteil der Sprache auf einem fortgeschrittenen Level – alle drei Formen erfordern Übung. In diesem Kapitel haben Sie die Möglichkeit, ausgiebig zu üben. Übung macht den Meister.

„tit for tat" ... ... "Auge um Auge, Zahn um Zahn"

„it's not my cup of tea" ... ... "das ist nicht mein Ding"

Persönliche Notizen

YOUR WORKOUT – YOUR TURN

LEISURE

1-10/60 **LEISURE** 7

1ST CONDITIONAL

SAY IN ENGLISH 1ST

1. Wenn Arne jetzt nicht bald kommt, verpasst ihr den Bus.
   (*not, to come soon / to miss the bus)*

2. Wenn das Wetter am Wochenende gut ist, grillen wir.
   (*to be nice / to have a barbecue)*

3. Ich kaufe dir keinen neuen Füller, wenn du die Hausaufgaben nicht ordentlich machst.
   (*to buy a new fountain pen / not, to do your homework properly)*

4. Wenn das Meeting früh endet, gehe ich später ins Fitnessstudio.
   (*to end early / to go to the gym)*

5. Ich bekomme Kopfschmerzen, wenn ich schwarzen Kaffee trinke.
   (*to get a headache / to drink black coffee)*

6. Wenn Susan ein Abi mit einem Schnitt unter 1,5 hat, wird sie sich für Psychologie in Bochum einschreiben.
   (*to have A-levels with an average less than / to enroll for)*

7. Ich nehme den Bus, falls es morgen früh regnet.
   (*to take the bus / to rain)*

8. Wenn unsere Mutter einen Platz im Altersheim bekommt, zieht sie diesen Monat um.
   (*to get a place in the nursing home / to move this month)*

9. Bitte ruf mich an, wenn es dir schlecht geht!
   (*call me / not to feel well)*

10. Wenn das Restaurant nicht liefert, müssen wir Pizza selber machen.
    (*not, to deliver / to have to make)*

CHECK YOUR ANSWERS

1-10/60 **LEISURE**
1ST CONDITIONAL

1. If Arne doesn't come soon, you will miss the bus. ***Die Regel Sagt: If + SIMPLE PRESENT (hierbei unbedingt die Regel beachten für Verneinung (does not) 3. Person (Arne), im zweiten Satzteil will + INFINITIVE.***
2. If the weather is nice at the weekend, we will have a barbecue. ***Vielen mag es so gehen, dass sie gerne sagen würden: If the weather will be nice... Genau das gilt es zu üben: IF + SIMPLE PRESENT und nie IF + WILL im gleichen Satzteil!***
3. I will not buy you a new fountain pen if you don't do your homework properly. ***Hier sind die Satzteile vertauscht, der Satzteil mit IF steht hinten, aber die Regeln bleiben gleich: IF + SIMPLE PRESENT, im anderen Satzteil WILL + INFINITIVE. Hier sind beide Satzteile mit negativen Aussagen.***
4. If the meeting ends early, I will go to the gym later. ***Ursache – Folge, wenn, dann... / Beim SIMPLE PRESENT die Person beachten, hier it = ends.***
5. I get a headache if I drink black coffee. ***Das ist ein Beispiel für das ZERO CONDITIONAL – eine generell gültige Aussage: Das ist immer so! Hier brauchen wir kein WILL. Diese Sätze sind für uns Deutsche relativ einfach, denn sie sind eine 1:1-Übersetzung.***
6. If Susan has A-levels with an average less than 1.5, she will enroll for psychology at Bochum University. ***Auch scheinbar komplizierte, lange Sätze funktionieren auf die gleiche Weise. Der deutsche Satz an sich scheint schwer zu übersetzen, aber das IF + SIMPLE PRESENT / WILL geben die Struktur vor. less bedeutet hier weniger (little – less – the least / Steigerung)***.
7. I will take the bus if it rains tomorrow morning. ***Auch hier steht der Satzteil mit IF hinten. Eine klare Aussage mit wenn, dann / Ursache – Folge.***
8. . If our mother gets a place in the nursing home, she will move this month. ***Bei Sätzen wie diesem besteht die Tendenz, dass wir sagen möchten: If our mother will get...*** **aber** ***remember: IF + WILL*** **nie** ***in einem Satzteil!***
9. Please call me if you don't feel well. ***Auch hier brauchen wir kein WILL = ZERO CONDITIONAL. Das gilt generell!***
10. If the restaurant doesn't deliver, we will have to make our own pizza. ***Ursache – Folge, erinnern Sie sich müssen wird durch die Ersatzform have to gebildet!***

SAY IN ENGLISH 2ND

11-20/60 **LEISURE** 7
2ND CONDITIONAL

11. Wenn wir keine zwei Autos hätten, hätten wir ein Problem.
(*not, to have two cars / to have a problem)*

12. Würden wir in der Stadt wohnen, hätten wir sicher keinen Garten.
(*to live in the city / not, to have a garden)*

13. Ich wäre ein Einzelkind, wenn ich keine Schwester hätte.
(*to be an only child / not, to have a sister)*

14. Wenn wir keinen Hund hätten, würden wir öfter in den Urlaub fliegen.
(*not to have a dog / to fly on holiday)*

15. Wäre ich jünger, wären mein Körper noch flexibler. to be younger
(*to be even more flexible)*

16. Ich hätte Haustiere, wenn ich einen Garten hätte. to have pets
(*to have a garden)*

17. Wenn ich fest angestellt wäre, würde ich mehr Sicherheit haben.
(*to have a permanent employment / to have greater certainty)*

18. Ich müsste alles selber machen, hätte ich keine Putzfrau.
(*to have to do everything myself / not, to have a cleaning lady)*

19. Wenn wir die Nachbarn kennen würden, würden wir sie einladen.
(*to know the neighbours / to invite them)*

20. Wir würden irgendwo am Meer leben, wenn wir reich wären.
(*to live somewhere by the sea / to be rich)*

CHECK YOUR ANSWERS

11-20/60**LEISURE**
2ND CONDITIONAL

11. If we didn't have two cars, we would have a problem. ***Bei Sätzen wie diesem haben wir die Tendenz, in den Satzteil mit IF auch das would einzubauen und zwar aus dem Grund, da unsere deutschen Sätze häufig zweimal hätten enthalten! Richtig ist aber: IF + SIMPLE PAST / WOULD + INFINITIVE = zwei separate Satzteile. Dann funktioniert es!***
12. If we lived in the city, we surely wouldn't have a garden.
Das gleiche Prinzip: IF + SIMPLE PAST und would im anderen Satzteil.
13. I would be an only child if I didn't have a sister. ***Achtung: Hier sind die Satzteile in anderer Reihenfolge – IF steht hinten, aber die Regel wird befolgt: IF + SIMPLE PAST...***
14. If we didn't have a dog / If we had no dog, we would fly on holiday more often.
Bei Sätzen mit have gibt es die Option, das PAST mit oder ohne Hilfsverb do zu bilden, daher sind hier beide Möglichkeiten genannt.
15. If I was younger, my body would be even more flexible.
SIMPLE PAST von to be = was/were, hier I was.
16. I would have pets if I had a garden. ***Achtung: Hier steht der Satzteil mit IF hinten. Häufige Fehler bei solchen Sätzen: zweimal would: ~~I would have pets if I would have a garden.~~***
17. If I had a permanent employment, I would have greater certainty.
Etwas, das nicht so ist (Hypothese) = IF + SIMPLE PAST!
18. I would have to do everything myself if I had no cleaning lady / if I didn't have a cleaning lady. ***Hier gibt es durch have wieder die Option eine Verneinung mit oder ohne Hilfsverb do zu bilden. Der Satzteil mit IF steht hinten und müssen wird mit der Ersatzform to have gebildet!***
19. If I knew the neighbours, I would invite them. ***Hier besteht sicher eine Tendenz, das so auszudrücken: ~~If I would know the neighbours...~~***
20. We would live somewhere by the sea if we were rich.
Was wir nicht sind (Hypothese)! IF + SIMPLE PAST! to be = was/were

SAY IN ENGLISH 3RD

21-30/60 **LEISURE** 7
3RD CONDITIONAL

21. Wenn ich gewusst hätte, dass es eilig ist, hätte ich dich früher zurückgerufen.
    (to know that it is urgent / to call you earlier)

22. Hätten meine Urgroßeltern sich nicht getroffen, hätten sie dieses Haus nicht gebaut.
    (not, to meet / not, to build this house)

23. Ich hätte meine Großmütter gerne kennengelernt.
    (to like to meet)

24. Ich hätte mehr in der Schule lernen sollen.
    (should / to learn more at school)

25. Das hättest du mir eher sagen können!
    (could / to tell me earlier)

26. Hätte ich gewusst, wie einsam sie war, hätte ich sie öfter besucht.
    (to know how lonely she was / to visit her more often)

27. Ich hätte das anders gemacht, hätte ich diese Vorgaben gehabt.
    (to do it differently / to have these provisions)

28. Wenn Sie die Nudeln zwei Minuten länger im Wasser gelassen hätten, wären sie genau richtig gewesen!
    (to leave in the water longer / to be just perfect)

29. Hättest du im Frühjahr den Rasen gedüngt, wäre er im Herbst in einem guten Zustand gewesen.
    (to fertilise the lawn / to be in a good condition)

30. Sie hätte besser auf ihre Sachen aufpassen sollen!
    (to take better care of)

CHECK YOUR ANSWERS

21-30/60 **LEISURE**
3RD CONDITIONAL

21. If I had known earlier that it is urgent, I would have called back earlier. ***Uff – nicht einfach! Hier hilft nur Regeln anschauen, verinnerlichen, üben! Satzteil mit IF + PAST PERFECT (had + 3. Form), Satzteil mit WOULD + PRESENT PERFECT (have/has + 3. Form).***
22. If my great-grandparents hadn't met, they would not have built this house. ***Es ist immer die gleiche Struktur: IF + PAST PERFECT / WOULD + PRESENT PERFECT.***
23. I would have liked to meet my grandmas. ***Hier haben wir nur den einen Satzteil der Aussage, was nicht so gewesen ist. Es ist der Teil mit WOULD + folglich PRESENT PERFECT!***
24. I should have studied more at school. ***Auch das ist der eine Satzteil der Aussage „was hätte sein können". Hier mit should anstelle von would + PRESENT PERFECT. Solche Aussagen tätigen wir möglicherweise häufiger, daher ist es sehr nützlich zu wissen, wie sie gebildet werden.***
25. You could have told me earlier! ***Das gleiche Prinzip wie bei den vorherigen zwei Sätzen. Ein Teil der IF-Clauses (was hätte sein können), diese Sätze benutzen wir häufiger. COULD/WOULD/SHOUD + PRESENT PERFECT!***
26. Had I known how lonely she was, I would have visited her more often. ***Diese Option besteht immer, wenn wir ausdrücken möchten Hätte ich gewusst... Dann können wir IF weglassen und HAD an den Satzanfang stellen. Es ist trotzdem möglich, IF zu verwenden: If I had known how lonely she was...***
27. I would have done it differently if I'd had these provisions. ***Achtung: Hier sind die beiden Satzteile vertauscht, IF steht am Ende und have kommt sowohl als Vollverb und Hilfsverb vor, oben abgekürzt: if I had had....***
28. If you had left the pasta two minutes longer in the water, they would have been just perfect! ***Der Regel folgen = IF + PAST PERFECT, WOULD + PRESENT PERFECT.***
29. If you had fertilised the lawn in spring, it would have been in a good condition in autumn. ***Gleiches Prinzip: IF + PAST PERFECT, WOULD + PRESENT PERFECT. Übung macht den Meister!***
30. She should have taken better care of her things! ***Häufig kommunizieren wir so, wenn wir ausdrücken, was wir besser gemacht oder nicht gemacht hätten. Diese Sätze kommen ohne den Teil mit IF aus. WOULD, COULD oder SHOULD + PRESENT PERFECT.***

FILL IN THE GAPS

31-45/60 **LEISURE** 7

1ST, 2ND, 3RD CONDITIONAL

FIRST, SECOND OR THIRD CONDITIONAL?

31. If you ________ *(to leave)* now, you'll catch the bus **in time**. *(rechtzeitig)*
32. If the students ________ *to work* harder, they would pass the exam.
33. We ________ *(to be)* very disappointed if there had been no snow.
34. I ________ *(to get)* stomachache if I drink black coffee.
35. If I ________ *(to be)* you, I would find myself a job soon.
36. What ________ *(you, to do)* if the bus had not come?
37. Suppose you ________ *(to be)* a millionaire, what would you do?
38. If the professor had not spoken so fast, we ________ *(to be able to)* follow what he said.
39. I would buy a new car if my father ________ *(to lend)* me 4,000 Euros.
40. All this________ *(not, to happen)* if she had listened to me!
41. I ________ *(not, to swim)* in this river if I were you.
42. If you ________ *(not, to change)* clothes, you'll catch a cold.
43. It Paul ________ *(not, to stop)* smoking, she'll not **put up** with it much longer. *(etwas hinnehmen)*
44. I guess it would be nice if we ________ *(to have)* a dog.
45. We will have a barbecue on Friday it the weather ________ *(to turn out)* to be nice.

"lead someone up the garden path" ...

... "jemandem ein X für ein U vormachen"

CHECK YOUR ANSWERS

31-45/60 **LEISURE**
1ST, 2ND, 3RD CONDITIONAL

31. **If** you leave now, you'**ll catch** the bus in time. *1st / Was in die Lücke muss, ergibt sich aus dem jeweils anderen Satzteil. Hier (highlight) steht dort WILL + INFINITIVE, also steht im anderen Satzteil IF + PRESENT PERFECT.*

32. **If** the students worked harder, they **would pass** the exam. *2nd / Da im anderen Satzteil would + Infinitiv steht, muss in die Lücke IF + SIMPLE PAST!*

33. We would have been very disappointed **if** there **had been** no snow. *3rd / Hier gibt der Satzteil IF + had been vor, dass im anderen Satzteil would + PRESENT PERFECT stehen müssen.*

34. I get stomachache **if** I **drink** black coffee.
0 / Das ist eine generell gültige Aussage = Zero Conditional.

35. **If** I were you, I **would find** myself a job soon.
2nd / IF + SIMPLE PAST / WOULD + INFINITIVE.

36. What would you have done **if** the bus **had not come**?
3rd / WOULD + PRESENT PERFECT / IF + PAST PERFECT.

37. Suppose you were a millionaire, what **would** you **do**?
2nd / Suppose = IF + SIMPLE PAST / WOULD + INFINITIVE.

38. **If** the professor **had not spoken** so fast, we would have been able follow what he said. *3rd / IF + PAST PERFECT / WOULD + PRESENT PERFECT.*

39. I **would buy** a new car **if** my father lent me 4,000 Euros.
2nd / WOULD + INFINITIVE / IF + SIMPLE PAST.

40. All this wouldn't have happened **if** she **had listened** to me!
3rd / WOULD + PRESENT PERFECT / IF + PAST PERFECT.

41. I would not swim in this river **if** I **were** you.
2nd / WOULD + INFINITIVE / IF + SIMPLE PAST.

42. **If** you don't change clothes, you'**ll catch** a cold. *1st / IF + SIMPLE PRESENT / WILL + INFINITIVE. Bei diesen Sätzen auf die richtige Bildung von SIMPLE PRESENT achten!*

43. **If** Paul doesn't stop smoking, she'**ll not put up** with it much longer. *1st / IF + SIMPLE PRESENT/ WILL + INFINITIVE. Bei diesen Sätzen auf die richtige Bildung von SIMPLE PRESENT achten!*

44. I guess it **would be** nice if we had a dog.
2nd / WOULD + INFINITIVE/ IF + SIMPLE PAST.

45. We **will have** a barbecue on Friday **if** the weather turns out to be nice.
1st /WILL + INFINITIVE/ IF + SIMPLE PRESENT.

ANSWER THE QUESTION

46-60/60 **LEISURE** 7
1ST, 2ND, 3RD CONDTIONAL

46. If I leave now, will you be in later? Yes, ____________________
47. If we had a dog, would you walk it? No, ____________________
48. Had you known it earlier, would you have come? Yes,__________
49. Do you get stomachache when if drink coffee? Yes, ________
50. Would you **go for it** if you were me? No, __________________ *(es versuchen)*

FIND & FIX THE MISTAKE

51. When I will meet him today, I can give him his books back.
52. You could buy a new car, if your dad would borrow you some money.
53. If I would be you, I would not talk so much about what you earn.
54. If I would know this yesterday, believe me, I had sent it to you!
55. If you are not so lazy, you would have better marks.
56. You can come to our barbecue if you will bring some drinks.
57. When it not rains, we can walk the dogs later.
58. Would you play the piano if you would have lessons as a child?
59. How much costs it when I want to buy it?
60. When you are a man, would you wear a **beard**? *(Bart)*

"A friend in need is a friend indeed" ...

... "Ein Freund in der Not ist ein wahrer Freund"

CHECK YOUR ANSWERS

46-60/60 **LEISURE**
1ST, 2ND, 3RD CONDITIONAL

46. If I leave now, **will you be** in later? Yes, I will.
1st / Die Antwort folgt dann auf den Teil des Satzes mit will / would.

47. If we had a dog, **would you walk** it? No, I wouldn't.
2nd / Die Antwort folgt dann auf den Teil des Satzes mit will / would.

48. Had you known it earlier, **would you have come**? Yes, I would.
3rd Do you get stomachache when if drink coffee? Yes, I do. / zero

49. **Would you** go for it if you were me? No, I would not.
2nd

50. **If I** ~~When I will~~ meet him today, I can give him his books back.
1st / Gemeint Ist: falls ich ihn treffe – im Satzteil mit IF nie will.

51. You could buy a new car, if your dad **borrowed** ~~would borrow~~ you some money.
2nd / Hier wird zweimal would verwendet, im Satzteil mit IF steht es aber nie.

52. If I **were** ~~would be~~ you, I would not talk so much about what you earn.
2nd / IF + WOULD = falsch. Hier ist es eine Hypothese.

53. If I **had known** ~~would know~~ this yesterday, believe me,

54. I **would have** ~~had~~ sent it to you!
3rd / IF + PAST PERFECT, WOULD + PRESENT PERFECT

55. If you **were** ~~are~~ not so lazy, you would have better marks. *2nd / Die Hypothese wird durch das SIMPLE PAST ausgedrückt! Wenn du nicht so faul wärst...*

56. You can come to our barbecue if you ~~will~~ bring some drinks.
1st / IF + WILL nicht im gleichen Satzteil!

57. **If** ~~When~~ it **doesn't rain** ~~not rains~~, we can walk the dogs later. *1st / Hier wurde die Verneinung nicht korrekt gebildet und gemeint ist falls = IF.*

58. Would you play the piano if you **had had** ~~would have~~ lessons as a child?
3rd / Hier ist der zweite Satzteil Teil eines THIRD CONDITIONALS.

59. How much **does it cost** ~~costs it~~ **if** ~~when~~ I want to buy it?
1st / Hier wurde die Frage nicht richtig gestellt.

60. **If** ~~When~~ you **were** ~~are~~ a man, would you wear a beard? *2nd / Gemeint ist hier falls und die Hypothese wird ausgedrückt durch SIMPLE PAST.*

YOUR WORKOUT – YOUR TURN

BUSINESS
1-10/60 **BUSINESS** 7
1ST CONDITIONAL

SAY IN ENGLISH 1ST

1. Wenn wir unsere Ziele erreichen, erhält jede/r MitarbeiterIn einen Bonus.
2. Wenn die Benchmarks nicht gut sind, nutzen sie uns nichts.
3. Wir werden die AktionärInnen benachrichtigen, wenn das notwendig ist.
4. Wenn er sich anstrengt, kann er sich etwas zusätzlich verdienen.
5. Das Kick-Off-Meeting ist kommenden Montag, wenn alles gut geht.
6. Wenn Sie die Unterlagen heute noch senden, kann ich den Vertrag bis morgen früh vorbereiten.
7. Wenn der Chef am Meeting morgen teilnimmt, werde ich mich (natürlich) auch einwählen.
8. Es wird keinen vierten Lockdown geben, wenn wir es schaffen, die Mehrheit der Bevölkerung bald zu impfen.
9. Falls ihr Flieger Verspätung hat, könnten Sie mich bitte anrufen?
10. Reservieren Sie uns bitte für heute Mittag einen Tisch, wenn mein Termin mit dem/der Vorstandsvorsitzenden bestätigt wird?

CHECK YOUR ANSWERS

1-10/60 **BUSINESS**
1ST CONDITIONAL

1. If we achieve our goals, every employee will get a bonus. ***Die Regel sagt: IF + SIMPLE PRESENT, im zweiten Satzteil WILL + INFINITIVE. Wenn bedeutet hier (wie in den weiteren Beispielen auch) falls! Wenn A (Ziel erreicht), dann B (Bonus)!***
2. If the benchmarks aren't good, they will not be useful for us. ***Gleiche Regel auch bei der Bildung von Verneinungen, auch möglich wäre hier won't (will not).***
3. We will inform the shareholders if it is necessary. ***Hier steht der Satzteil mit IF hinten + SIMPLE PRESENT, WILL + INFINITIVE im ersten Teil des Satzes.***
4. If he makes an effort, he can earn some extra money.
Hierbei handelt es sich um eine grundsätzliche Aussage (zero conditional).
5. The kick-off meeting will be on Monday, if everything goes well. ***Der Satzteil mit IF steht hinten + SIMPLE PRESENT, kommenden muss hier nicht übersetzt werden, durch will ist es der zukünftige Montag. Wenn bedeutet hier falls!***
6. If you send the files today, I can prepare the contract until tomorrow morning. ***Der erste Satzteil enthält IF + SIMPLE PRESENT (Ursache/Folge), im zweiten Satzteil steht hier can (aufgrund der Aussage im Ausgangs- satz kann). Der Satz könnte ebenfalls lauten... werde ich fertigmachen = will prepare.***
7. If the boss participates tomorrow morning in the meeting, I will (of course) dial in, too. ***Vermeiden Sie den häufigen Fehler dieses zu sagen: ~~If the boss will participate...~~ IF + WILL nie im gleichen Satzteil.***
8. There will be no fourth lockdown if we soon succeed in vaccinating the majority of the population. ***Aufbau des IF-Satztes wie Regel besagt. Vokabular (siehe unten).***
9. If your plane is late, will you please call me? ***Diese Bitte können wir im Satzteil mit WILL als Frage formulieren, denn die Aussage ist: Wenn verspätet, dann bitte anrufen!***
10. Will you please book a table for lunch today if my appointment with the CEO is confirmed? ***Auch hier kann über WILL die Frage gestellt werden mit der Aussage – nur falls etwas Anderes (Bedingung im Satzteil mit IF) eintrifft!***

- ***to accomplish / achieve a goal***: ein Ziel erreichen
- ***objective/goal/aim:*** Ziel
- ***to make an effort / to exert oneself:*** sich anstrengen;
- ***to succeed in doing sth.***: erfolgreich etwas tun - *Gerundium*

SAY IN ENGLISH 2ND

11-20/60 **BUSINESS** 7
2ND CONDITIONAL

11. Es wäre ein Problem, wenn alle MitarbeiterInnen Homeoffice machen würden.

12. Wenn unser Werbebudget größer wäre, würden wir die Kampagne fortsetzen.

13. Er wäre bereits Abteilungsleiter, wenn seine **Karriereziele** höher wären. *(career aspirations)*

14. Wir würden mehr MitarbeiterInnen einstellen, wenn das Geld dafür da wäre.

15. Glauben Sie, Susan würde sich in Konferenzen aktiver beteiligen, wenn sie von uns Englischtraining angeboten bekäme?

16. Wen würden Sie aus den BewerberInnen wählen, müssten Sie die Entscheidung treffen?

17. An Ihrer Stelle würde ich für nächste Woche eine Sitzung **einberufen**. *(to call for a meeting, to summon/organise)*

18. Wir könnten sofort mit der Produktion starten, wenn wir die **Freigabe** hätten. *(release, approval)*

19. Peter würde das machen, wenn wer heute da wäre.

20. Es wäre sehr hilfreich, wenn die Schulen bereits digitalisiert wären.

CHECK YOUR ANSWERS

11-20/60 **BUSINESS**
2ND CONDITIONAL

11. It would be a problem if all employees worked from home. ***Der Satzteil mit IF steht hier hinten. Regel: IF + SIMPLE PAST, anderer Satzteil WOULD + INFINITIVE. IF + WOULD nie im gleichen Satzteil. Ausgedrückt wird eine Hypothese, etwas, das aber nicht so ist.***
12. If our advertising budget was bigger, we would continue with the campaign. ***Hier steht IF vorne, WOULD im 2. Satzteil.***
13. He would already be the department manager if his career aspirations were higher. ***Auch hier steht der Satzteil mit IF hinten + SIMPLE PAST were. already steht im Übrigen in der Regel vor dem Vollverb hier be. Hypothese: Seine Ziele sind nicht so hoch.***
14. We would hire more staff if the money was there. ***Aussage: Es ist kein Geld da, wir könnten nur Personal anstellen, wenn wir es hätten (SIMPLE PAST).***
15. Do you think, Susan would participate more actively in conferences if we offered her English training / if she was offered English training by us? ***Auch längere Sätze bauen Sie nach dem gleichen Prinzip auf! IF + SIMPLE PAST. Hier schlage ich zwei Lösungen vor (aktiv we offered) (passiv was offered). Wählen Sie immer die Formulierung, die Ihnen leichter fällt. Es geht meistens nicht darum, Ihre Gedanken 1:1 zu übersetzen, sondern die Aussage richtig zu kommunizieren.***
16. Who would you choose from the applicants if you had to take the decision? ***Fragen stellen mit WOULD. müssen kann hier nur mit had to (Past Tense have to) ausgedrückt werden! FYI: Statt take the decision können Sie auch sagen make the decision.***
17. If I were you, I would call for a meeting next week. ***Eine feste Aussage: Wenn ich du wäre – if I were you...***
18. We could start production immediately if we had approval. ***Anstelle von would kann auch could verwendet werden, der Satzaufbau bleibt gleich: COULD + INFINITIVE, im anderen Satzteil wie gehabt IF + SIMPLE PAST.***
19. Peter would do it if he was here today. ***Hier tendieren Sie möglicher- weise dazu, sagen zu wollen: ...~~if he would be here today~~.***
20. It would be helpful if schools were already digitalized. ***Hypothese: Derzeit sind sie es nicht!***

SAY IN ENGLISH 3RD

21-30/60 **BUSINESS** 7
3RD CONDITIONAL

21. Ich wäre letztes Jahr schon **in Pension gegangen**, wenn die Firma eine/n **NachfolgerIn** gefunden hätte. *(to retire / successor)*

22. Ich würde nie bei Ihnen in der Abteilung arbeiten, wenn Sie mich nicht **abgeworben** hätten. *(to headhunt)*

23. Eine Steigerung der Wachstumsrate um zehn Prozent hätte nicht absehbare Anstrengungen bedeutet.

24. Hätte sie mehr Unterstützung für das Projekt gehabt, dann wäre es erfolgreich gewesen.

25. Sie sagt, sie hätten mehr Unterstützung für das Projekt gebrauchen können, denn dann wäre es erfolgreich gewesen.

26. Wir hätten sehr gerne eher mit den **Bauarbeiten** für die **Lagerhalle** begonnen. *(construction work / warehouse)*

27. Meiner Meinung nach hätten die Zahlen besser ausfallen können!

28. Sie hätten mich rechtzeitig erinnern sollen, dann wäre ich nicht zu spät gekommen.

29. Heute sage ich, wir hätten das **Konkurrenzunternehmen** früher übernehmen sollen. *(competitor)*

30. Wenn wir mehr Zeit gehabt hätten, hätten wir die Unterlagen pünktlich abgegeben.

CHECK YOUR ANSWERS

21-30/60 **BUSINESS**
3RD CONDITIONAL

21. I would (already) have retired last year if the company had found a successor. ***Der Teil mit IF steht hier hinten: IF + PAST PERFECT / WOULD + PRESENT PERFECT. Etwas hätte so sein können, war es aber nicht!***
22. I would never have worked in your department if you hadn't headhunted me. ***Die größte Versuchung ist bei diesen Sätzen sicher, dass man im Satzteil mit IF das WOULD verwenden möchte, was nicht richtig wäre. Außerdem sollten die Bildung von PRESENT PERFECT + PAST PERFECT geübt sein.***
23. A ten percent increase in the growth rate would have meant unforeseeable efforts. ***Häufig verwenden wir im Sprachgebrauch nur Teile eines solchen Bedingungssatzes – hier wird der Teil mit IF nicht erwähnt, bzw. anders ausgedrückt. Auch so versteht man, zehn- prozentiges Wachstum wurde nicht erreicht. Wichtig ist, sich zu orientieren: Welcher Teil des Bedingungssatzes ist gemeint? Hier: would + PRESENT PERFECT.***
24. If she had had more support for the project, it would have been successful. ***Dieser Satz bedient die Regel: IF + PAST PERFECT, WOULD + PRESENT PERFECT.***
25. She says that they could have done with more support for the project, because it would then have been successful. ***Dieser Satz enthält zweimal die Folge dessen, was als Bedingung nicht eingetreten ist. Das ist eine häufige Art, Dinge auszudrücken - auch ohne dass ein Satzteil mit IF genannt wird!***
26. We would have liked to start the construction work for the warehouse earlier. ***Auch hier enthält die Aussage nur den zweiten Teil eines Bedingungssatzes – was wir gerne gemacht hätten (, aber nicht haben).***
27. In my opinion, the figures could have been better! ***Anstelle von WOULD funktioniert der Satzaufbau ebenso mit COULD – was hätte besser sein können. Auch hier kommt die Aussage ohne den IF-Teil aus.***
28. You should have reminded me in time, the I wouldn't have been too late. ***Ein Vorwurf! Diese Art der Kommunikation (ohne den IF-Teil eines Bedinungssatztes) wird häufig verwendet. WOULD, COULD oder SHOULD + PRESENT PERFECT.***
29. Today I say we should have taken over the competitor earlier. ***Aussage ohne den Teil mit IF.***
30. If we had had more time, we would have handed in the documents on time. ***Remember: had had (PAST PERFECT). On time = pünktlich / in time = rechtzeitig.***

FILL IN THE GAPS

31-45/60 **BUSINESS** 7

1ST, 2ND, 3RD CONDITIONAL

FIRST, SECOND OR THIRD CONDITIONAL?

31. If you ____________ ***(to leave)*** the files with me, I ____________ ***(to send)*** them over later.
32. We __________________ ***(to join)*** the meeting, but unfortunately the dial-in-access ______________ ***(to come)*** too late.
33. If I ____________ ***(to be)*** you, I ____________ ***(to sign)*** earlier than later.
34. Whenever the staff from the headquarter __________ ***(to visit)***, we ______________ ***(to have)*** a meeting with all board members.
35. I _________________ ***(to be)*** lost, if I ________________ ***(to rely)*** on you.
36. Last year, we ________________ ***(to become)*** the number 1 market leader if __________________ ***(to work)*** harder.
37. _________ ***(you, to work)*** for us, if you ____________ ***(to have)*** no job?
38. The job offer last yar would have been a good opportunity if I _____________ ***(to be)*** younger.
39. Everybody _________________ ***(to be)*** very surprised if you provided the highest growth rates this year.
40. What ____________ ***(you, to do)*** if the board doesn't re-elect you?
41. If you had sent the files in time, we ________________ ***(to be)*** able to use the documents in our meeting.
42. What would you do if you _______________ ***(to be)*** in my position?
43. If I have late meetings I ____________ ***(not, to drink)*** coffee because I _____________ ***(to get)*** stomachache.
44. This year __________________ ***(to be)*** very successful, but it was not.
45. I would have called you if I _________________ ***(to have)*** time.

31-45/60 **BUSINESS**
1ST, 2ND, 3RD CONDITIONAL

31. **If** you leave the files with me, I'll send them over later.
1st / Hier wird eine Bedingung ausgedrückt WENN – DANN.

32. We would have joined the meeting, but unfortunately the dial-in-access (had come) / came too late. ***3rd / Dieser Satz kommt ohne IF aus, der zweite Teil erzählt, was passiert ist, daher kann dort SIMPLE PAST stehen. Der erste Teil des Satzes will ausdrücken: Wir hätten teilgenommen...***

33. **If** I were you, I would sign earlier than later.
2nd / Hypothese: Angenommen, ich wäre du...

34. Whenever the staff from the headquarter visit, we have a meeting with all board members. ***0 / Hier ist es eine allgemein gültige Aussage immer wenn... staff ist ein collective noun und kann als they behandelt werden.***

35. I will be lost **if** I rely on you. / 1st
I would be lost **if** I relied on you. / 2nd
I would have been lost **if** I had relied on you. / 3rd
Welche Option Sie wählen, wenn die Sätze nach dem richtigen Muster gebildet werden, kann jede der drei Aussagen passen! Versuchen Sie, die Sätze zu übersetzen. Welche Aussage stimmt für Sie?

36. Last year, we would / could have become the number 1 market leader **if** we had worked harder. ***3rd / Hier gibt der Zusatz last year den Typ vor! Es hätte etwas sein können...***

37. Will you work for us, **if** you have no job? / 1st
Would you work for us, **if** you had no job? / 2nd
Would you have worked for us, **if** you had had no job? / 3rd
Welche Option Sie wählen, wenn die Sätze nach dem richtigen Muster gebildet werden, kann jede der drei Aussagen passen – übersetzen Sie die Sätze, um die unterschiedlichen Aussagen zu verstehen!

38. The job offer last year **would have been** a good opportunity **if** I had been younger.
3rd / Hier ist nur eine Lücke frei – daher gibt der andere Teil des Satzes die Struktur vor, in diesem Fall third conditional. IF + PAST PERFECT.

39. Everybody would be very surprised **if** you **provided** the highest growth rates this year. ***2nd / Der zweite Teil des Satzes gibt die Struktur vor.***
40. What will you do **if** the board **doesn't re-elect** you? ***1st***
41. **If** you **had sent** the files in time, we would have been able to use the documents in our meeting. ***3rd***
42. What **would** you **do if** you were in my position? ***2nd***
43. **If** I **have** late meetings I don't drink coffee because I get stomachache. ***0 / generell gültige Aussage.***
44. This year could / should have been very successful, but it **was** not. ***3rd / Ein Teil eines Bedingungssatzes. Wie etwas hätte sein können/sollen...***
45. I **would have** called you **if** I had had time. ***3rd***

Persönliche Notizen

ANSWER THE QUESTION

46-60/60 **BUSINESS** 7

1ST, 2ND, 3RD CONDITIONAL

46. Will Michael call me if I leave a message? Yes, ________________________
47. Would you consider to buy more if the price was lower? No, ______________
48. If I don't agree, what will you do? ______________________________
49. If we get there early, will you send a taxi? Yes, ____________________
50. Had you known it sooner, would it have helped? Yes, _________________

FIND & FIX THE MISTAKE

51. I will give him your business card if I will meet him today.
52. If I would be in your position, I would change a lot more!
53. You could do that by yesterday, couldn't you?
54. What means it for us if we take over this supplier?
55. Will you give him my regards if you will speak to him?
56. I would have got a better assessment if you would have spoken to Mary.
57. This should work out much better last year!
58. We are going to buy another area if it will be on offer.
59. You can take over my work if you have my job, but for the time being please stop giving me advice!
60. We would have saved a lot of time if we had a company car.

"save up for the rainy days" .... **..."auf die hohe Kante legen"**

„smell a rat" ... **... "den Braten riechen"**

CHECK YOUR ANSWERS

46-60/60 **BUSINESS**
1ST, 2ND, 3RD CONDITIONAL

46. **Will** Michael **call** me if I leave a message? Yes, he will.
1st / Die Antwort folgt dann auf den Teil des Satzes mit will.

47. **Would** you **consider** to buy more if the price was lower? No, I would not.
2nd / Die Antwort folgt auf den Teil des Satzes mit would.

48. If I don't agree, what **will** you **do**? *1st / Offene Frage! Inhaltliche Antort.*

49. If we get there early, **will** you **send** a taxi? Yes, I will. *1st*

50. Had you known it sooner, **would** it **have helped**? Yes, it would. *3rd*

51. I will give him your business card if I ~~will~~ meet him today.
1st / Hier wurde im Satzteil mit IF auch WILL verwendet.

52. If I **was** ~~would be~~ in your position, I would change a lot more!
2nd / Hier wurde zweimal would verwendet, in beiden Satzteilen!

53. You could **have done** ~~do~~ that by yesterday, couldn't you? *3rd / Dieser Satz will aussagen, was hätte erledigt werden können... would/could + PRESENT PERFECT.*

54. What **will it mean** ~~means it~~ for us if we take over this supplier? *1st / Die Regel: IF im ersten Satzteil, WILL im 2. Satzteil. Möchte man diese Aussage als ZERO CONDITIONAL ausdrücken (ohne IF), muss die Frage im SIMPLE PRESENT richtig gestellt werden: what does it mean...*

55. Will you give him my regards if you ~~will~~ speak to him?
1st / Nicht zweimal WILL verwenden.

56. I would have got a better assessment if you **had** ~~would have~~ spoken to Mary.
3rd / Nicht zweimal WOULD verwenden (1:1-Übersetzung).

57. This should **have worked** ~~work~~ out much better last year! *3rd / Etwas hätte (letztes Jahr) besser laufen sollen = SHOULD + PRESENT PERFECT.*

58. We **will** ~~are going to~~ buy another area if it **is** ~~will be~~ on offer.
1st / Hier steht WILL mit IF im gleichen Satzteil und im anderen ~~going to~~...

59. You **could** ~~can~~ take over my work if you **had** ~~have~~ my job, but for the time being please stop giving me advice! *2nd / Eine Hypothese ausdrücken: IF + SIMPLE PAST.*

60. We would have saved a lot of time if we **had** had a company car. *3rd / Ein typischer Fehler: PAST PERFECT wird nicht richtig gebildet mit had had.*

„I am knackered" ... **... „Ich bin fix und fertig"**

Well done! You've deserved a little break!

BREXIT = Britain's Exit

Der Austritt Großbritanniens aus der EU ist am 31. Januar 2020 (Austrittsabkommen) erfolgt. Angestoßen hat den Prozess der damalige Premierminister David Cameron durch sein Referendum vom 23. Juni 2016. Es stimmten 51,89 Prozent für „LEAVE" und damit die Mehrheit (majority). Damit wählte die Minderheit (minority) „STAY". Mit diesem sehr knappen voting endete eine 47-jährige EU-Mitgliedschaft (Beitritt Januar 1973) des Landes.

Before you *go on*, take a deep breath!

2 MUCH-MANY, LITTLE-FEW, SOME-ANY, SINCE-FOR, WHO-WHICH, SINGULAR-COLLECTIVE NOUNS, ARTICLE-NO ARTICLE

Dieses Kapitel enthält die oben aufgeführten grammatikalischen Aspekte, die in der Anwendung häufig bei Lernenden für Unsicherheiten sorgen, und – wenn einmal verstanden – weiter zur Sprachsicherheit beitragen. Ich erläutere diese Themen der Reihe nach. Die Übungen am Ende des Kapitels sind gemischt – die Themen werden auf der jeweiligen Seite am oberen Rand jeweils angezeigt.

MUCH VERSUS MANY

MUCH oder *MANY* brauchen wir, um die Vokabel „*viel*“ auszudrücken. Die Unterscheidung erfolgt nach dem Kriterium, ob etwas ZÄHLBAR oder NICHT ZÄHLBAR ist.

Were there **many children** in the room?	MANY = ZÄHLBAR
Would they need **much money** to buy the house?	MUCH = NICHT ZÄHLBAR

Als ZÄHLBAR gelten Dinge und alles, das in *Einheiten* angegeben wird wie

Euro, Liter, cm, dm, qm etc.

NICHT ZÄHLBAR sind *Massen*, beispielsweise Luft, Milch, Geld, Atmosphäre. Diese *Massen/Mengen* können aber in Einheiten angegeben werden, dann sind sie zählbar:

Is there still **much milk** left in the fridge?	
How **many** litres (of milk) are left?	Die einzelnen Liter kann ich zählen!
Does he spend **much money** every week?	
How **many** Euros does he spend on online games?	Den einzelnen Euro kann ich zählen!
Do they spend **much time** together?	
How **many** times did they go to the cinema?	Viele einzelne *Male* kann ich zählen!

QUICK READER MUCH + MANY

many = zählbar, *much* = nicht zählbar: VIEL/E

How **many** chairs fit in a row? How **much** (money) does the book cost?
He knows **many** poems by heart. They had **much** rain during their holiday.
I want to write **many** chapters. I don't want to write too **much** every day.

Ungeübt können MUCH & MANY leicht verwechselt werden. Mein Tipp: Am besten ein paar Kombinationen heraussuchen, einprägen und häufig wiederholen. Dann lassen sie sich bei Bedarf schnell(er) abrufen und die Entscheidung, ob MUCH oder MANY fällt zunehmend leichter!

□ *to know by heart:* auswendig kennen

PECULIARITIES

! Üblicherweise werden ***MUCH & MANY*** eher in Fragen und Verneinungen verwendet als in Aussagen. (Aber für die gesprochene Sprache ist das keine starre Regel!) In positiven Aussagen wird *„viel"* häufig mit A LOT OF & LOTS OF ausgedrückt und dabei braucht nicht unterschieden werden, ob etwas zählbar ist oder nicht!

We met **a lot of** people at the party. They had **lots of** ideas.	= many ideas
The children spend **a lot of** time outdoors. They have **lots of** fun.	= much fun

GOOD TO KNOW

Die Einteilung in ZÄHLBAR und NICHT ZÄHLBAR kennen wir aus der deutschen Grammatik nicht. Wir müssen uns deshalb einprägen, dass es Mengen gibt, die an sich eine Masse darstellen und per se keine Einheit. Das gilt generell für alles, das nicht (mit Händen) greifbar ist: Nebel, Aufregung, Lärm, Staub, Umweltverschmutzung, Streit, Freude etc.

Alles, was wir anfassen und greifen können oder eine Einheit darstellt, ist dagegen zählbar: Kinder, Autos, Kartoffeln, Tische, Euros, Liter, Meter, Stuhlbeine, Scheren etc.

SOME EXAMPLES

MANY	MUCH
many children	much fog/mist
many cars	much excitement/fuss
many potatoes	much noise
many tables	much dust
many euros	much environmental pollution
many litres	much dispute
many metres	much joy/pleasure/delight
many chair legs	much understanding
many scissors	much help

LITTLE VERSUS FEW

So wie sich MUCH zu MANY verhält, verhält sich LITTLE zu FEW, wenn wir WENIG/E ausdrücken.

There were **few children** in the room.	FEW = ZÄHLBAR
They would need **little money** to buy the old house.	LITTLE = NICHT ZÄHLBAR

QUICK READER LITTLE + FEW

few = zählbar, *little* = nicht zählbar: WENIG/E

Only **few** chairs fit in the row. How **little** money she earns!

He knows only **few** poems by heart. They had **little** rain during their holiday.

I want to write **few** chapters. I want to spend **little** time writing every day.

SOME EXAMPLES

FEW	LITTLE
few children	little fog
few cars	little excitement
few potatoes	little noise
few tables	little dust
few euros	little pollution
few litres	little dispute

PECULIARITIES

Daneben gibt es noch **A** FEW & **A** LITTLE

A FEW	= **ein paar**
QUITE A FEW	= **etliche, ziemlich viele, mehrere** – so ziemlich das Gegenteil von *few*!
A LITTLE	= **ein wenig, ein bisschen**

Merke

A) many: zählbar
B) much: nicht zählbar
C) Bei Aussagen eher a lot of / lots of
D) few: zählbar
E) little: nicht zählbar

SOME VERSUS ANY

SOME & ANY brauchen wir, um „etwas/einige" auszudrücken. Die Unterscheidung erfolgt hierbei nach dem Kriterium, ob es sich bei einem Satz um eine AUSSAGE, FRAGE oder VERNEINUNG handelt

SOME	= AUSSAGEN	
ANY	= FRAGEN + VERNEINUNGEN	**Satzform**

There are **some** children in the room.	Aussage
Are there **any** children in the room?	Frage
There **aren't any** children in the room.	Verneinung

QUICK READER SOME + ANY

some = Aussage, any = Frage + Verneinung

There are **some** chairs in the room. Are there **any** tables, too?

No, there **aren't any** tables, I'm sorry.

They met **some** friends during their holiday.

Did they meet **any** friends there? No, they **didn't** meet **any**.

Yes, they met **some**.

PECULIARITIES

Wie fast (!) immer gibt es Ausnahmen:
Wir verwenden ***SOME*** **in Fragen**, wenn wir

1. jemandem etwas anbieten:
Would you like some coffee?
Can I bring you some fruit?

2. oder eine positive Antwort erwarten:
Have you got some new exercises for me?
Have you got something in your eye?

GOOD TO KNOW

Die Regel gilt auch für compound words:
SOMETHING – ***ANY***THING
SOMEBODY – ***ANY***BODY
SOMEWHERE – ***ANY***WHERE

SOME EXAMPLES

Aussage

There were **some** clouds in the sky, so we decided to go back.
I guess we could buy **some** food before we get back home.
I can tell you **something** about my aunt.
Peter knew **somebody** in London.
She lives **somewhere** south, near Nuremberg.

Verneinung = not

There weren't **any** clouds in the sky, so we decided to go on.
I guess we can't buy **any** food because the shops are already closed!
I cannot tell you **anything** about my aunt.
Peter did not know **anybody** in London.
She doesn't live **anywhere** in the south, but near Hamburg.

Frage: Satzanfang !

Were there **any** clouds in the sky?
Can we buy **any** food now? It's already late!
Can you tell me **anything** about your aunt?
Did Peter know **anybody** in London?
Does she live **anywhere** in the south or near Hamburg?

(Kurz-)Antwort

Yes, there were.
No, we can't.
No, I can't.
Yes, he did.
Near Hamburg.

Und:

Can I bring you **some** coffee?	Angebot
Have you got **some** nice jackets?	Erwartete Antwort: Ja!

GOOD TO KNOW

ANY bedeutet außerdem *„irgendein/e"* – und kommt dann auch in Aussagen vor:

You can take **any** bus.	Es ist egal
Please come **any** time you like.	Völlig egal wann
You can have **any** of these.	Such es dir aus

Ebenso bei den compound words:

Anybody can do it.	irgendjemand
We can meet **anywhere**.	irgendwo
I am happy about **anything**.	irgendetwas

Merke

A) some: Aussagen

B) any: Fragen + Verneinungen

C) some auch in Fragen bei Angeboten und wenn Antwort positiv ausfallen wird

C) compound words somebody / anybody etc.

D) any hat weitere Bedeutung: irgendein/e

SINCE VERSUS FOR

SINCE & FOR verwenden wir, um *„seit"* auszudrücken. Hierbei ist das Kriterium, ob ein ZEITPUNKT oder eine ZEITSPANNE genannt werden.

I have known her **since** 2015.	Zeitpunkt
I have known her **for** six years.	Zeitspanne

Auch dieses Konzept gibt es in der deutschen Grammatik nicht und erfordert daher etwas Übung. Wichtig ist, zu verinnerlichen, dass ein Zeitpunkt nicht immer ein Datum sein muss:

I have known her **since** I was a child.	als ich klein war

I have missed her **since** she left.	als sie ging

Dass wir bei Zeitspannen FOR verwenden, hat den Ursprung in dem Gebrauch im Sinne von **für wie lange... = Zeitspanne**

I stayed in Paris **for three weeks**.	für drei Wochen / drei Wochen lang
Anne is going away **for a week** on Saturday.	für eine Woche / eine Woche lang

QUICK READER SINCE + FOR

since = Zeitpunkt, for = Zeitspanne
We have been married **since** August. We have been married **for** two months.
She has been the manager **since** the former boss left.
She has been the manager **for** almost a year now.
I have been watching this film **since** 8 pm. I have watched it **for** two hours.

SOME EXAMPLES

SINCE	**FOR**
since April	for many months
since the beginning of the year	for three weeks in a row
since they got back	for ages
since I left	for a very long time

Verwenden wir ***SINCE & FOR*** = „*seit*“, benötigen wir das PRESENT PERFECT! Denn immer, wenn wir *seit* sagen, sprechen wir von etwas, das irgendwann in der Vergangenheit begonnen hat und immer noch andauert/gilt bzw. Bedeutung/Einfluss hat!

GOOD TO KNOW

Zeitspannen können auch durch ***DURING*** und ***WHILE*** = *„während"* ausgedrückt werden. Dabei ist das Kriterium, ob ein Nomen (Noun) folgt oder ein Subjekt, das eine Handlung ausführt:

It rained a lot **during** our holiday.	Nomen
It rained a lot **while** we were on holiday.	Subjekt tut etwas
During the lesson, it's not allowed to eat.	Nomen
She ate **while** the others were listening.	Subjekt tut etwas

Merke

A) since: Zeitpunkt

B) for: Zeitspanne (seit / für ...)

C) oft mit PRESENT PERFECT

D) during/while = während

WHO VERSUS WHICH

Häufig verwechselt werden diese Wörter (Relativpronomen), die sich auf eine Person oder einen Gegenstand beziehen und in der Regel einen Nebensatz (Relativsatz) einleiten.

WHO = PERSONEN
WHICH = DINGE

*This is Susan, **who** is my sister.*
*There are the flowers **which** I planted yesterday.*

QUICK READER WHO + WHICH

who = Personen, which = Dinge, Gegenstände

The boy, **who** sat next to me. The doorbell, **which** was I didn't see, was broken.

I would like to talk to someone **who** is in charge. There was nothing to do, **which** I found boring.

I will ask Paul, **who** is the manager. This is the car, **which** I wanted to buy.

- *for ages:* seit Jahren/Ewigkeiten
- *age:* Alter
- *to be in charge:* verantwortlich sein für

Es gibt noch weitere **Relativpronomen**: *THAT, WHOM, WHOSE*. Die Regeln für die sogenannten ***defining*** und ***non-defining relative clauses*** sind für Lernende an dieser Stelle kompliziert, daher ist die Information *WHO* = PERSON, *WHICH* = DINGE am wichtigsten und ich beschränke mich an dieser Stelle auf diese beiden.

PECULIARITIES

WHO kann nie mit einem Nomen kombiniert werden, auch wenn beispielsweise nach einer Person gefragt wird:

Welcher Spieler verdient am meisten?	**Which** player earns the most?
Aber Wer verdient am meisten?	**Who** earns the most?

COLLECTIVE VERSUS SINGULR NOUNS

Die collective nouns beziehen sich auf eine Gruppe von Menschen, beispielsweise die Mitarbeiter, den Chor oder die Familie. Je nachdem, ob diese Gruppe als Ganzes (= Einheit) gemeint ist oder jedes Mitglied daraus, verwendet man sie im Singular oder Plural:

The family **is** very important for me.	SINGULAR - als Einheit gesehen
The family **are** very important for me.	PLURAL - die einzelnen Mitglieder daraus

COLLECTIVE NOUNS

band, orchestra, class, audience, choir, company, family, government, group, party, staff, team, crew, committee, enemy, army, university, police

! Es gibt also die WAHL, bei diesen entweder is **oder** are zu verwenden.

! *Police* wird dagegen **immer** im Plural verwendet: The **police are** offering a reward.

SINGULAR NOUNS

Es gibt in der englischen Sprache Nomen, die dagegen nur im Singular verwendet werden, obwohl man meint, es handelt sich dabei um mehr als *ein* Ding.

SOME EXAMPLES

*The furniture **is** nice.*
*Would you like **some** fruit?*
*Your hair **looks** nice.*
*This **is** the news.*
*There **is** little progress so far.*
*The USA **is** a very big country.*
*Politics **is** a fascinating work field.*
*The information **is** very useful.*

 reward: Belohnung

ARTICLE VERSUS NO ARTICLE

Der Artikel the wird zusammen mit Nomen **nicht verwendet**, wenn wir von etwas GENERELL sprechen: ***Life is too short***. Das ist anders als im deutschen Satz *Das Leben ist schön.* Steht der Artikel davor, dann geht es um ein *bestimmtes* Leben: *To read about **the** life of Gandhi was very fascinating.*

SOME EXAMPLES

generell	bestimmte
Peter doesn't like school.	She likes **the** new school.
Mom loves flowers.	These are **the** flowers I told you about.
We go to church on Sundays.	We go to **the** church down the road.

Merke

A) who= Personen

B) which = Dinge

C) the news/information **is**

D) the police **are**

E) ohne the = generell

E) mit the = etwas Bestimmtes ist gemeint

Have a break! BEFORE YOU START THE WORKOUT
Time for a cup of tea or coffee....

"A picture is worth a thousand words." ...

..."Ein Bild sagt mehr als tausend Worte."

Persönliche Notizen

YOUR WORKOUT – YOUR TURN

LEISURE

1-10/60 **LEISURE** 8

MUCH-MANY, LITTLE-FEW,
SOME-ANY, SINCE-FOR

SAY IN ENGLISH

1. Es gibt viel Streit unter den Nachbarn über das neue Wohngebiet.
   (dispute between the neighbours / residential zone)

2. Unsere Tochter studiert seit zwei Jahren in Brüssel Jura. our daughter
   (to study law / Brussels)

3. Gibt es noch Apfelkuchen von heute Nachmittag?
   (apple pie / to be left / this afternoon)

4. Viele MitschülerInnen werden täglich mit dem Auto abgeholt.
   (classmates / to be brought by car / every day)

5. Nur wenige MitschülerInnen fahren mit dem Fahrrad.
   (classmates / to take the bike)

6. Seit ich beim Arzt war, habe ich noch mehr Schmerzen!
   (to be to the doctor / to have even more pain)

7. Möchtest du Kaffee? Ein bisschen ist noch da.
   (to like coffee / to be left)

8. Wo finde ich Schraubenzieher? – Schauen Sie, da drüben sind welche.
   (to find screwdrivers / to look / over there)

9. Hast du irgendeine Idee, wohin wir fahren könnten?
   (to have idea / where / can/ to go)

10. So viel Lärm ist ja nicht zum aushalten!
    (noise / to be unbearable)

CHECK YOUR ANSWERS

1-10/60 **LEISURE**
MUCH-MANY, LITTLE-FEW,
SOME-ANY, SINCE-FOR

1. There is much dispute between the neighbours about the new residential zone. ***MUCH / dispute ist ein nicht zählbares Nomen; Achtung: Es gibt = there is / there are.***
2. Our daughter has been studying law in Brussels for two years. ***FOR / Zwei Jahre (lang) ist eine Zeitspanne. Die Herausforderung bei diesem Satz ist außerdem die Zeit PRESENT PERFECT CONTINUOUS. Sie hat vor zwei Jahren begonnen und studiert heute immer noch. for two years könnt auch am Satzanfang stehen.***
3. Is there any apple pie left from this afternoon? ***ANY / Mit dem any wird unser noch ausgedrückt (gibt es überhaupt irgendeinen Rest?).***
4. Many classmates are brought by car every day.
MANY / Die SchülerInnen sind zählbar.
5. Only few classmates take the bike.
FEW / Das direkte Gegenteil von many = few, beides ist zählbar.
6. Since I have been to the doctor I have even (got) more pain! ***SINCE / Hier ist ein Zeitpunkt gemeint (als ich dort war). Dieser Satz steht im PRESENT PERFECT, denn es begann und dauert an. got ist optional und eher im BE üblich.***
7. Would you like some coffee? There is a little left. ***SOME, LITTLE / Angebote mit some, die Mengenangabe Kaffee ist nicht zählbar.***
8. Where do I find screwdrivers? – Look, there are some over there. ***SOME / positier Satz mit some. Die Frage könnte auch mit can gebildet werden: Where can I find...***
9. Have you got any idea where we could go?
Do you have any idea... / ANY / irgendeine = any.
10. So much noise is unbearable!
MUCH / Lärm ist nicht zählbar.

"think outside the box" ... **... "kreativ denken"**

SAY IN ENGLISH

11-20/60 **LEISURE** 8
WHO-WHICH,
SINGULAR COLLECTIVE NOUNS,
ARTICLE "THE"

11. Was sind die wichtigsten Nachrichten heute?
the most important / news

12. Darf ich dir meinen Freund vorstellen, der zusammen mit mir studiert?
May I / to introduce / to study with me

13. Wir waren nach dem Kino essen, was sehr schön war.
to have dinner / after the cinema / to be nice

14. Die Polizei arbeitet eng mit den lokalen Behörden zusammen.
to work closely / local authorities

15. Der Kellner, der uns im Restaurant bediente, war sehr nett.
waiter / to serve us / to be very nice

16. Die Tomaten, die ich gestern gekauft habe, sehen nicht mehr gut aus. tomatoes
to buy yesterday / no longer look good

17. Die Band spielt sehr gut, oder nicht?
the band / to play very well

18. Kennst du jemanden, der uns beim Umzug helfen könnte?
to know / could help us move

19. Arbeit ist sehr wichtig für mich.
work / to be very important

20. Die Arbeit im Krankenhaus ist anstrengend.
work / hospital / to be strenuous

11-20/60 **LEISURE**
WHO-WHICH,
SINGULAR COLLECTIVE NOUNS,
ARTICLE "THE"

11. What is the most important news today? ***SINGULAR NOUN / news wird im Englischen als Wort verwendet, das als Singular gilt Und unzählbar ist, daher steht nie a oder two etc. davor. Das ist gewöhnungsbedürftig. Man könnte sagen: two pieces of news.***
12. May I introduce my friend who is studying with me? ***WHO / Es leitet den Nebensatz ein und bezieht sich auf eine Person.***
13. We had dinner after the cinema, which was very nice. ***WHICH / Es leitet den Nebensatz ein und bezieht sich auf ein Ding.***
14. The police work closely with the local authorities. ***COLLECTIVE NOUN / police bezieht sich im Englischen auf viele Polizeibeamte, daher wird es immer im Plural verwendet. Natürlich gibt es einzelne policemen / police women.***
15. The waiter who served us in the restaurant was very nice. ***WHO / Es leitet einen Einschub ein und bezieht sich auf eine Person.***
16. The tomatoes which I bought yesterday no longer look good. ***WHICH / Es leitet einen Einschub ein und bezieht sich auf ein Ding. Hier kann es weggelassen werden. The tomatoes I bought yesterday...***
17. The band play / plays very well, don't they / doesn't it? ***COLLECTIVE NOUN / Je nachdem, wer gemeint ist (die Band als Einheit oder alle Personen der Band) – Sie haben die Wahl!***
18. Do you know **anybody / anyone** who could help us move? ***WHO / Es leitet den Nebensatz ein und bezieht sich auf eine Person.***
19. Work is very important for me. ***NO ARTICLE / Hier ist die Arbeit im Allgemeinen gemeint, keine bestimmte.***
20. The work in the hospital is very strenuous. ***ARTICLE / Hier ist eine bestimmte Arbeit gemeint (die im Krankenhaus).***

„Actions speak louder than words" ... ... "Taten sagen mehr als Worte"

FILL IN THE GAPS

21-40/60 **LEISURE** 8
MUCH-MANY, LITTLE-FEW, SOME-ANY,
SINCE-FOR, WHO-WHICH-THAT,
SINGULAR COLLECTIVE NOUNS,
ARTICLE "THE"

21. ____________ *(seit)* when have you had this car?
22. Whenever they meet Paul they wonder how __________________ *(wenig / viel)* confidence he has.
23. I find _______________________ *(das Leben)* of politicians very fascinating.
24. Can you tell me ___________ *(wer)* is always putting the plates in the wrong place?!
25. Was that the series ___________ *(die)* you enjoyed so much?
26. Ever ___________ *(seit)* we have had a dog, I've had only _________ *(wenige)* occasions when I had to leave her on her own.
27. Are there _____________ *(etwas)* fruit left or shall I buy _____________? *(etwas)*
28. _____________________ *(wie lange)* how long will she be away?
29. The police ______________________ *(to be)* chasing the robber.
30. The news ______________________ *(to be)* shocking today.
31. I ____________________ *(manchmal)* wonder whether he will become more sensible.
32. Can you think of ______________ *(etwas)* you would like to do before the end of this year?
33. He has known her ____________________________ *(seit)* he was five years old.
34. I didn't know there was only so ____________________ *(wenig)* money left.
35. ____________________ *(die Schule)* school can be very boring.
36. Over the years I havex lived in ____________ *(viele)* countries and have seen ____________ *(viele)* places. Have you lived _____________ *(irgendwo)* abroad?
37. I would like to find ___________________________ *(die Liebe)* love.
38. The USA ___________________________ *(to be)* a very big country.
39. _____________ *(während)* the concert we turned our mobile phones off.
40. I have been living here ____________________ *(seit)* the last twenty years.

CHECK YOUR ANSWERS

21-40/60 **LEISURE**
MUCH-MANY, LITTLE-FEW, SOME-ANY,
SINCE-FOR, WHO-WHICH-THAT,
SINGULAR COLLECTIVE NOUNS,
ARTICLE "THE"

21. Since when have you had this car? ***SINCE / Es wird nach dem Zeitpunkt gefragt. Satz steht im PRESENT PERFECT.***
22. Whenever they meet Paul they wonder how much / little confidence he has. ***MUCH or LITTLE / In jedem Fall ist das Selbstvertrauen In jedem Fall ist das Selbstvertrauen (confidence) nicht zählbar.***
23. I find the life of politicians very fascinating. ***ARTICLE / Hier geht es um bestimmte Leben: das der Politiker.***
24. Can you tell me who is always putting the plates in the wrong place?! ***WHO / Frage nach einer Person.***
25. Was that the series which you enjoyed so much? ***WHICH / Frage nach einer Sache/Ding.***
26. Ever since we have had a dog, I've had only few occasions when I had to leave her on her own. ***SINCE, FEW / Gemeint ist der Zeitpunkt als der Hund kam, er war wenige Male alleine (zählbar).***
27. Are there any fruit left or shall I buy some? ***ANY, SOME / Zuerst wird eine Frage gestellt, die zweite Frage ist ein Angebot!***
28. For how long will she be away? ***FOR / Frage nach der Zeitspanne.***
29. The police are chasing the robber. ***COLLECTIVE NOUN / Es wird im Englischen immer im Plural (die Einsatzkräfte der Polizei) verwendet.***
30. The news is shocking today. ***SINGULAR NOUN / Es wird im Englischen immer als Singular verwendet, auch wenn es mehrere Nachrichten sind.***
31. I sometimes wonder whether he will become more sensible. ***SOME / Es ist eine Aussage, daher wird some... verwendet.***
32. Can you think of anything you would like to do before the end of this year? ***ANYTHING / Es ist eine Frage.***
33. He has known her since he was five years old. ***SINCE / Hier ist der Zeitpunkt gemeint (in dem Jahr als er fünf war).***
34. I didn't know there was only so little money left. ***LITTLE / Geld als Masse / Menge ist in diesem Sinn nicht zählbar, Währungen dagegen schon.***
35. (The) school can be very boring. ***ARTICLE / Hier hängt es davon ab, was der/die SprecherIn meint: Schule an sich oder eine ganz bestimmte Schule.***

36. Over the years I have lived in many / a lot of countries and have seen a lot of/ lots of / many places. Have you lived anywhere abroad? ***MANY, ANYWHERE / Die Länder und Orte sind zählbar. Am Ende steht eine Frage.***
37. I would like to find love. ***NO ARTICLE / Hier ist der Satz gemeint als: Liebe an sich. Sonst könnte er heißen... the love of my life.***
38. The USA is a very big country. ***SINGULAR NOUN / Obwohl es sich um die Vereinigten Staaten handelt, verwendet man es im Singular.***
39. During the concert we turned our mobile phones off. ***DURING***
40. I have been living here for the last twenty years. ***FOR / Zeitspanne.***

Persönliche Notizen

FIND & FIX THE MISTAKE

41-60/60 **LEISURE** 8
MUCH-MANY, LITTLE-FEW, SOME-ANY,
SINCE-FOR, WHO-WHICH-THAT,
SINGULAR COLLECTIVE NOUNS,
ARTICLE "THE"

41. There were too much potatoes in the pot.
42. Have you got some money for me? I need to buy a paper.
43. The police was very fast and arrived soon at the crime scene.
44. Is that the man which wanted to meet me?
45. I hope there aren't some questions left. I would like to finish.
46. I think the life is wonderful.
47. I saw some terrible news and could hardly believe them.
48. Too much cooks spoil the broth.
49. The scientists say there is too many air pollution in the cities.
50. The children played only little games in the kindergarten.
51. We have known each other since three weeks now.
52. Yesterday we saw an offer who we liked very much.
53. Paul mentioned how hard work of his brother was.
54. The audience are very generous, they are still clapping!
55. Do I get some chance to speak to you today?
56. You can have any fruit, if you want to.
57. Some children have only few respect for their parents.
58. There are so much nice things here that I could buy!
59. Since four months I have been looking for a new job.
60. She saw that there was only few milk left, so she went shopping.

"Put your best foot forward" ...

... "Gib dein Bestes, zeig dich von der besten Seite."

CHECK YOUR ANSWERS

41. There were too **many** ~~much~~ potatoes in the pot. ***MANY / zählbar.***
42. Have you got **any /** some money for me? I need to buy a paper. ***SOME oder ANY / Je nachdem, ob man eine positive Antwort erwartet (=some). Sonst Regel: Frage.***
43. The police **were** ~~was~~ very fast and arrived soon at the crime scene. ***PLURAL***
44. Is that the man **who** ~~which~~ wanted to meet me? ***WHO / Es bezieht sich auf Person.***
45. I hope there aren't **any** ~~some~~ questions left. I would like to finish. ***ANY / Verneinung.***
46. I think ~~the~~ life is wonderful. ***NO ARTICLE / generell.***
47. I saw some terrible news and could hardly believe **it** ~~them~~. ***SINGULAR***
48. Too **many** ~~much~~ cooks spoil the broth. Zu viele Köche verderben den Brei. ***MANY***
49. The scientists say there is too **much** ~~many~~ air pollution in the cities. ***MUCH / nicht zählbar.***
50. The children played only **few** ~~little~~ games in the kindergarten. ***FEW / zählbar.***
51. We have known each other **for** ~~since~~ three weeks now. ***FOR / Zeitspanne.***
52. Yesterday we saw an offer **which** ~~who~~ we liked very much. ***WHICH / bezieht sich auf Ding/Sache.***
53. Paul mentioned how hard **the** work of his brother was. ***ARTICLE / bestimmter Artikel.***
54. The audience are very generous, they are still clapping! ***Correct! Oder: The audience is very generous, it is still clapping! / COLLECTIVE NOUN***
55. Do I get **any** ~~some~~ chance to speak to you today? ***ANY / Frage.***
56. You can have **some** ~~any~~ fruit, if you want to. ***SOME / Wäre hier am wahrscheinlichsten – es ist ein Angebot. Mit any verändert sich, die Aussage: irgendwelches Obst?***
57. Some children have only **little** ~~few~~ respect for their parents. ***LITTLE / nicht zählbar.***
58. There are so **many** ~~much~~ nice things here that I could buy! ***MUCH / zählbar.***
59. **For** ~~Since~~ four months I have been looking for a new job. ***FOR / Zeitspanne.***
60. She saw that there was only **little** ~~few~~ milk left, so she went shopping. ***LITTLE / nicht zählbar.***

"An empty vessel makes much noise." ...

... "Die am wenigsten zu sagen haben, reden am meisten."

YOUR WORKOUT – YOUR TURN

BUSINESS
1-10/60 **BUSINESS** 8
MUCH-MANY, LITTLE-FEW,
SOME-ANY, SINCE-FOR

SAY IN ENGLISH

1. Unsere Wettbewerber wissen wenig darüber, was wir tun.
2. Für unser Team-Meeting kommende Woche möchte ich gerne dass Sie einige Vorschläge ausarbeiten. Haben Sie noch Fragen?
3. Ich arbeite seit über anderthalb Jahren in dieser Abteilung.
4. Was wir brauchen, sind junge Menschen, die viel Motivation haben und etwas verändern möchten.
5. Leider hatte ich nur Zeit, um wenige Fragen aus dem Publikum zu beantworten, das bedauere ich.
6. Gibt es etwas Neues seitdem wir zuletzt gesprochen haben?
7. Ich glaube, es gibt nicht viele Optionen, wie wir das Problem lösen können.
8. Seit wann arbeiten Sie an dieser Präsentation?
9. Dieser Konflikt besteht seit Monaten. Es wird Zeit, dass wir ihn **beilegen**. *(resolve, settle)*
10. Ich bin immer wieder erstaunt, wie wenig ich über meine Mitarbeiter weiß.

CHECK YOUR ANSWERS

1-10/60 **BUSINESS**
MUCH-MANY, LITTLE-FEW,
SOME-ANY, SINCE-FOR

1. Our competitors know little about what we do.
   LITTLE / Hier geht es um das Wissen, das nicht zählbar ist.
2. For our team meeting next week I would like you to develop some proposals. Do you have any questions? ***SOME, ANY / Einmal handelt es sich um eine Aussage, einmal um eine Frage – auch wenn in dem deutschen Satz nicht das Wort „einige" steht.***
3. I have been working in this department for more than one-and-a-half years. ***FOR / Hier ist die Zeitspanne gemeint. Achtung: PRESENT PERFECT CONTINUOUS.***
4. What we need are young people *who* have much / lots of motivation and want to change something. ***MUCH oder LOTS OF, SOME / Der Neben- satz wird mit who (Person) eingeleitet, nicht zählbares Nomen und positiver Satz am Ende.***
5. Unfortunately I only had time to answer few questions from the audience, I am very sorry about it. ***FEW / Die Fragen sind zählbar.***
6. Is there anything new since we last spoke? ***ANY, SINCE / Die Frage wird mit any gestellt, der Zeitpunkt war als wir uns zuletzt trafen.***
7. I don't think there are many options how we can solve the problem.
   MANY / Die Optionen kann man zählen.
8. Since when have you been working on this presentation? ***SINCE / Hier wird nach dem Zeitpunkt (Beginn) gefragt. Achtung: PRESENT PERFECT CONTINUOUS.***
9. This conflict has been going on for months. It's time we resolved it. ***FOR / Hier handelt es sich um die Zeitspanne von Monaten. Achtung: PRESENT PERFECT CONTINUOUS und: It's time we did something – feststehende Phrase - steht im SIMPLE PAST!***
10. I'm always amazed how little I know about my staff.
    LITTLE / Auch hier geht es wieder um das Wissen, das nicht zählbar ist.

„go like a bull at a gate" ... **..."mit der Tür ins Haus fallen"**

11-20/60 **BUSINESS** 8
WHO-WHICH-THAT,
SINGULAR COLLECTIVE NOUNS,
ARTICLE "THE"

11. Die Firma ist meine Familie und sie ist sehr wichtig für mich.

12. Ich brauche eine/n MitarbeiterIn, der/die sich nur um die Computer kümmert.

13. Ich fange an, den Sinn des Lebens zu verstehen.

14. Ich nehme an, wenn Peter die Nachrichten liest, wird er sie nicht gut finden.

15. Paul, können Sie bitte den jungen Mann anrufen, der sich gestern hier vorgestellt hat?

16. Das Leben von unserer Betriebsratsvorsitzenden ist faszinierend.

17. Ich wollte Ihnen allen sagen, dass Sie viel Engagement gezeigt haben, was mir gut gefallen hat.

18. Die Polizei durchsucht die Büros der MitarbeiterInnen.

19. Die USA sind beim Thema **Impfen** weiter als wir. *(vaccination)*

20. Es ist diese Art von Einstellung, die eine Zusammenarbeit so schwierig macht.

11-20/60 **BUSINESS**
WHO-WHICH-THAT
SINGULAR COLLECTIVE NOUNS
ARTICLE "THE"

11. The company is my family and it is / they are very important for me. ***COLLECTIVE NOUN / Je nachdem, ob die einzelnen Mit- glieder oder die Firma als solches gemeint ist.***
12. I need an employee who only looks after the computers. ***WHO / Der Nebensatz bezieht sich auf eine Person.***
13. I am beginning to understand the meaning of life. ***NO ARTICLE / Hiern ist das Leben generell gemeint.***
14. I think when Peter reads the news, he will not like it. ***SINGULAR NOUN / news immer im Singular.***
15. Paul, could you please call the young man who introduced himself here yesterday? ***WHO / Es bezieht sich auf eine Person.***
16. The life of our Works Council Chairwoman is fascinating. ***ARTICLE / Hier geht es um ein bestimmtes Leben.***
17. I wanted to tell you all that you showed a lot of commitment, which I enjoyed. ***A LOT OF, WHICH / Es bezieht sich auf das Engagement (Sache).***
18. The police are searching the offices of the employees. ***COLLECTIVE NOUN / Polizei im Englischen wird immer als eine Vielzahn an police officers gesehen.***
19. The USA is further ahead when it comes to vaccination. *SINGULAR NOUN / Im Englischen wird das eher im Singular verwendet.*
20. It is this kind of attitude which makes cooperation so difficult. *WHICH / Es bezieht sich auf eine Sache.*

„Early come, easy go" ... **... "wie gewonnen, so zerronnen"**

„First come, first served" ... **... "wer zuerst kommt, mahlt zuerst"**

FILL IN THE GAPS WITHOUT TIPS!

21-40/60 **BUSINESS** 8

MUCH-MANY, LITTLE-FEW, SOME-ANY, SINCE-FOR, WHO-WHICH-THAT,
SINGULAR COLLECTIVE NOUNS,
ARTICLE "THE"

21. I accept the fact that the context in __________ people work today often is very complex.
22. This workshop is likely to teach you __________ new.
23. It's only fair to reward individuals __________ come up with new ideas.
24. The production hasn't been able to work full-time __________ the beginning of Corona.
25. We have discussed this __________ times already, so why don't we move on to ______________ other subjects?
26. Our goal is to produce as ____________________________ waste as possible until the end of the year.
27. In case you have ______________ questions, please send an email to my secretary.
28. You can keep that file ____________________ however long you need it.
29. Our staff ____________________ the best you can wish for!
30. Electric cars are mainly produced for buyers ________________ want to receive an environmental bonus.
31. The current situation leaves us only a ____________ options: sell the company, lay off staff or close down ____________________ subsidiaries.
32. A diverse workforce is one in __________________ everyone is welcome.
33. _______/ e/Experience shows that individuals like to be part of a team.
34. I have known I wanted to be a scientist _________________ as long as I can remember.
35. _______________ last week, we haven't had _______________ complaints.
36. ________________ market is very vulnerable to negative news.
37. The police _______________ (to report) they had only ________________ cause for an investigation.
38. Where is that file? I can't find it __________________.
39. Our revenue last year was at 1.5 billion euros _______________ was ten percent more than the year before.
40. The belief is that ______________________________ society as a whole should profit from economic freedom.

CHECK YOUR ANSWERS

21. I accept the fact that the context in which people work today often is very complex. ***WHICH / bezieht sich auf den Kontext.***
22. This workshop is likely to teach you something new. ***SOME***
23. It's only fair to reward individuals who come up with new ideas. ***WHO / Bezieht sich auf die Personen.***
24. The production hasn't been able to work full-time since the beginning of Covid. ***SINCE / Zeitpunkt ist gemeint.***
25. We have discussed this many / a lot of times already, so why don't we move on to some other subjects? ***MANY, SOME***
26. Our goal is to produce as little waste as possible until the end of the year. ***LITTLE / Es ist nicht zählbar.***
27. In case you have any questions, please send an email to my secretary. ***ANY / Fragestellung.***
28. You can keep that file for however long you need it. ***FOR / Zeitspanne.***
29. Our staff is / are the best you can wish for! ***COLLECTIVE NOUN / Je nachdem, ob einzelnen MitarbeiterInnen oder Personal als solches gemeint.***
30. Electric cars are mainly produced for buyers who want to receive an environmental bonus. ***WHO / Es bezieht sich auf Personen.***
31. The current situation leaves us only a few options: sell the company, lay off staff or close down some subsidiaries. ***FEW, SOME / zählbar.***
32. A diverse workforce is one in which everyone is welcome. ***WHICH / Es bezieht sich auf die Sache.***
33. Experience shows that individuals like to be part of a team. ***NO ARTICLE / Die Erfahrung generell ist gemeint.***
34. I have known I wanted to be a scientist for as long as I can remember. ***FOR / Zeitspanne.***
35. Since last week, we haven't had any complaints. ***ANY / negativer Satz.***
36. The market is very vulnerable to negative news. ***ARTICLE / Ein bestimmter Artikel.***
37. The police are reporting / report they had only little cause for an investigation. ***COLLECTIVE NOUN, LITTLE / police are, nicht zählbar.***
38. Where is that file? I can't find it anywhere. ***ANY***
39. Our revenue last year was at 1.5 billion euros which was ten percent more than the year before. ***WHICH / Es bezieht sich auf Sache.***
40. The belief is that society as a whole should profit from economic freedom. ***NO ARTICLE / Es geht um die Gesellschaft generell.***

FIND & FIX THE MISTAKE

41-60/60 **BUSINESS**8

MUCH-MANY, LITTLE-FEW, SOME-ANY, SINCE-FOR, WHO-WHICH-THAT,
SINGULAR COLLECTIVE NOUNS,
ARTICLE "THE"

41. Boss says that 100 people will be laid off.
42. It looks as though we can't agree on some points today.
43. I know we've had this problem since a long time.
44. There was only few consensus between the board members.
45. John has worked here for two months ago.
46. The tax inspector has been in our house since two days now.
47. I have met the production manager, Peter, which told me he'll be on holiday from tomorrow.
48. During the short-time work there was many chaos.
49. The staff are very nervous about the short-time work.
50. Who team member wanted to prepare the presentation?
51. The meeting must be postponed, there are important news today.
52. Tina handed this project over to me but she didn't tell me something about it.
53. If there aren't some questions, I'd like to move on.
54. Much of our workers were happy about the new canteen building.
55. Only little people came to the opening of the new salesroom.
56. I appreciate work I do. I've always enjoyed it.
57. You did job very well.
58. My sales contact at the headquarter is very reliable, who I appreciate.
59. I think we can buy tools anywhere abroad.
60. The police is investigating fraud allegations.

CHECK YOUR ANSWERS

41-60/60 **BUSINESS**
MUCH-MANY, LITTLE-FEW, SOME-ANY,
SINCE-FOR, WHO-WHICH-THAT,
SINGULAR COLLECTIVE NOUNS,
ARTICLE "THE"

41. **The** Boss says that 100 people will be laid off.
THE / Hier handelt es sich um einen bestimmten Chef.

42. It looks as though we can't agree on **any** ~~some~~ points today.
ANY / Verneinung, daher any.

43. I know we've had this problem **for** ~~since~~ a long time. *FOR / Zeitspanne.*

44. There was only **little** ~~few~~ consensus between the board members. *LITTLE / nicht zählbar.*

45. John has worked here **since** for two months ago. *SINCE / Zeitpunkt.*

46. The tax inspector has been in our house **for** ~~since~~ two days now. *FOR / Zeitspanne.*

47. I have met the production manager, Peter, **who** ~~which~~ told me he'll be on holiday from tomorrow. *WHO / Es bezieht sich auf die Person.*

48. During the short-time work there was **much** ~~many~~ chaos.
MUCH / nicht zählbar.

49. The staff **is/**are very nervous about the short-time work. *IS or ARE / Beides ist möglich, je nachdem die einzelnen Personen oder das Personal als Ganzes gemeint ist.*

50. **Which** ~~Who~~ team member wanted to prepare the presentation? *WHICH / Achtung: Hier bezieht sich which auf das Teammitglied – es ist zwar eine Person, aber WHO kann nicht vor einem Nomen stehen, sondern repräsentiert immer eine bestimmte Person!*

51. The meeting must be postponed, there **is** ~~are~~ important news today. *SINGULAR NOUN*

52. Tina handed this project over to me but she didn't tell me **anything** ~~something~~ about it. *ANY / Verneinung.*

53. If there aren't **any** ~~some~~ questions, I'd like to move on. ***ANY / Verneinung.***
54. **Many** ~~Much~~ of our workers were happy about the new canteen building. ***MANY / zählbar.***
55. Only **few** ~~little~~ people came to the opening of the new salesroom. ***FEW / zählbar.***
56. I appreciate **the** work I do. I'v always enjoyed it. ***THE / bestimmte Arbeit.***
57. You did **the** job very well. ***THE / bestimmter Job.***
58. My sales contact at the headquarter is very reliable, **which** ~~who~~ I appreciate. ***WHICH / Es bezieht sich auf die Sache.***
59. I think we can buy **the** tools anywhere abroad. ***THE / Hier ist es abhängig, obder Artikel verwendet wird oder nicht, ob bestimmte Werkzeuge oder Werkzeuge an sich gemeint sind.***
60. The police **are** ~~is~~ investigating fraud allegations. ***COLLECTIVE NOUN***

Well done! You've deserved a little break!

tip = Trinkgeld

Die Abkürzung steht für to insure promptness. In englischen Pubs ist es üblich,

Getränke an der Bar zu kaufen und oft auch Essen dort zu ordern. Woher kommt das Wort pub? Von ***public house***, also für die Öffentlichkeit zugänglich. Die Sperrstunde wurde 2005 offiziell aufgehoben... Last orders! Uns *KontinentaleuropäerInnen* kommen englische Pubs besonders gemütlich vor, was vor allem an der Ausstattung mit Teppichboden ***carpet*** liegt.

 Before you *go on*, take a deep breath!

3 ADJECTIVES-ADVERBS, COMPARISON-AS...AS, MODALS: CAN, MUST, WILL, MAY, SHALL

Dieses Kapitel behandelt drei wichtige Bereiche:

1. Adjektive und Adverbien
2. Vergleiche und Gleichsetzen
3. Modalverben

ADJECTIVES - ADVERBS

ADJEKTIVE sind Wörter, die beschreiben, wie etwas oder jemand IST. Diese Zustände (sein) stehen häufig in Verbindung mit dem Verb to be: ist nett – ***is nice***, sind neugierig – ***are curious***, sei ruhig – ***be quiet***, bin stark - ***am strong***. Auch wenn wir Wahrnehmungen mit ***look, feel, sound, taste*** oder ***smell*** ausdrücken, werden diese wie ZUSTÄNDE behandelt: ***it looks nice, it feels good, it sounds great, that tastes good.***

ADJEKTIVE **werden zu** ADVERBIEN, sobald sie beschreiben, wie jemand etwas TUT. Dann beschreiben sie VERBEN genauer: nett nicken - ***nod nice*****ly**, neugierig schauen - ***watch curious*****ly**, ruhig sprechen - ***speak quiet*****ly**, stark argumentieren - ***argue strong*****ly**.

In der deutschen Sprache verändert sich dabei grammatikalisch nichts, im Englischen jedoch erhalten die ADVERBIEN die Endung **–ly**.

SOME EXAMPLES

Zustand	ADJECTIVE	Tätigkeit	ADVERB (wie getan)
Peter is	happy.	He sings	happi**ly.** Achtung Schreibweise
The film was	funny.	The actors play	funni**ly.** Achtung Schreibweise
I am	self-conscious.	I watch myself	self-conscious**ly.**
The car is	slow.	She drives very	slow**ly.**
The apple are	sour.	She asked	sour**ly**.
The voice is	tender.	He comforted her	tender**ly.**
Her intention was	genuine.	I liked her	genuine**ly**.
This was	bad.	We played	bad**ly**.

GOOD TO KNOW / EXCEPTIONS

! Wahrnehmungen werden als **Zustände** behandelt:

It feels	comfortable.
This tastes	sour.
The music sounds	good.
It smells	wonderful.

! Endet ein ADJEKTIV auf -ly, hilft man sich mit einer **Umschreibung**:

This dog is	friendly.	He even barks **in a friendly way**.
The fight was	ugly.	They played **in an ugly way.**

- *self-conscious:* selbstbewusst, befangen
- *tender:* zärtlich, empfindlich
- *genuine:* aufrichtig

! Es gibt **unregelmäßige** ADVERBIEN:

This exercise is	good.	She did it	**well**.
The car was	fast.	He drove very	**fast**.
The cake is	hard.	They try very	**hard**.

□ *hardly* = kaum

! ADVERBIEN können auch ADJEKTIVE **näher beschreiben**.

They were (to be)	terrib**ly** loud.
The weather was	extreme**ly** hot.

! ADJEKTIVE können natürlich auch einfach **vor dem Nomen** stehen -

A funny film...., A sour apple....

QUICK READER ADJECTIVES - ADVERBS

ADJEKTIV = wie IST etwas	ADVERB = wie wird etwas GETAN oder beschreibt Adjektiv näher
A **beautiful** dress.	She dresses **beautifully**.
They are **nice**.	They did it **nicely**.
A very **slow** driver.	She drives **slowly**.
It was **awful**.	This is **awfully** difficult.
I like **happy** music.	They **happily** sang along.

Auch dieses Thema bedarf ein bisschen Übung. Am besten werden Unterschiede deutlich, wenn Bedeutungen sich ändern, beispielsweise: ***They taste good.*** (Etwas schmeckt gut.)

They taste well. (Sie können gut schmecken / haben einen guten Geschmackssinn.)

The dog smells bad. (Der Hund riecht nicht gut.)

The old dog smells badly. (Er kann nicht mehr gut riechen.)

PECULIARITIES

You look good. You look well.	Du siehst gut aus. Du siehst aus, als gehe es dir gut.
This is hard. We hardly tried.	Das ist schwer. Wir haben es kaum (!) versucht.

COMPARISON – AS...AS

Wir kommen nun zurück zu den ADJEKTIVEN. Diese lassen sich vergleichen, also steigern und/oder gleichsetzen. Regelmäßig werden ADJEKTIVE durch die Endungen –er / -est gesteigert (siehe nachfolgend). Eine Gleichstellung wird einfach erreicht, indem wir das ADJEKTIV in die Mitte von as ... as setzen = genauso wie.

SOME EXAMPLES

Zustand	**1. Steigerung**	**2. Steigerung**	**Gleichsetzung**
happy Schreibweise	happi**er** than	the happi**est**	as happy as
funny Schreibweise	funni**er** than	the funni**est**	as funny as
slow	slow**er** than	the slow**est**	as slow as
hard	hard**er** than	the hard**est**	as hard as

ADJEKTIVE mit mehr als zwei Silben, also **längere** ADJEKTIVE, werden dagegen mit more/most gesteigert:

comfortable	more comfortable than	the most comfortable	as comfortable as
exciting	more exciting than	the most exciting	as exciting as
demanding	more demanding than	the most demanding	as demanding as

GOOD TO KNOW / EXCEPTIONS

good	**better** than	the **best**	as good as
bad	**worse** than	the **worst**	as bad as
little	**less** than	the **least**	as little as
much	**more** than	the **most**	as much as
many	**more** than	the **most**	as many as

QUICK READER COMPARISON, AS...AS

Steigerung von ADJEKTIVEN mit –er / -est oder more/most

Gleichstellung mit as...as

You speak loud**er** than your son.

The funni**est** film I've ever seen.

Sewing is more complicated than drawing.

The most exciting trip ever.

The team is as good as it was last year.

Our cat is as inquisitive as our children.

PECULIARITIES

Das kleine Wörtchen ***as*** hat im Englischen viele Bedeutungen: *als* = ***as we arrived***; *wie* = ***as he told me***; *während* = ***as they said were saying good-bye***; *da* = ***As I bought a new bike, I don't need my car anymore***; *weil* = ***I paid with credit card as I had no cash.***

Und in zusammengesetzter Form: ***as if*** = als ob; ***so as*** = so dass, ***as of*** = ab, mit Wirkung.

- *to sew* = nähen
- *inquisitive* = neugierig, wissbegierig

MODALVERBS: CAN MUST WILL MAY SHALL

Das Wichtigste, das Sie zu MODALVERBEN wissen sollten, ist:

Hinter einem Modalverb steht **immer ein** INFINITIVE (= Grundform).

Modal	INFINITIVE		Modal INFINITIVE	
can	be	kann	could have	könnte, konnte
must	have	muss		
must not	change	nicht dürfen		
need to	leave	muss		
need not	to leave	nicht müssen		
will	see	werde	would get	würde
may	open	darf, kann	might want	könnte
shall	bring	soll, werde	should leave	sollte

Welche **Funktion** haben MODALVERBEN?

Mit ihnen können wir Fähigkeiten (can, will) ausdrücken, etwas anbieten, nachfragen (can, shall), nach Erlaubnis fragen (may) und verbieten (must not) oder nicht brauchen (needn't) Wir drücken ebenfalls aus, dass wir glauben, etwas ist sicher (will), möglich (may, can) oder nicht möglich (can't).

QUICK READER MODALVERBS

can, must, will, may, shall, could, would, might, should + INFINITIVE

I **can** speak French.

We **will** go to the pub after work.

She **must** be at home by 8 pm.

I **may** see my mother today.

He **shall** get new shoes soon.

We **could** have an Indian takeaway tonight. This **would** be very nice.

We **might** get a new teacher.

The bus **should** leave on time.

Achtung: must not bedeutet **nicht dürfen** (Verbot). *Nicht müssen* können wir so ausdrücken: ***need not / don't have to (must = have to).***

Grundsätzlich ist die Verwendung der MODALVERBEN im SIMPLE PRESENT nicht allzu kompliziert. Wichtig ist, dass immer ein INFINITIVE folgt. Die Formen bleiben für alle Personen *I, you, he, she, it, we, you, they* gleich. Fragesätze werden gestellt, indem das Modalverb an den Satzanfang kommt. Unsicherheiten treten manchmal auf, wenn andere Zeiten gebildet werden sollen, beispielsweise das SIMPLE PAST. Dann brauchen wir die sogenannten **Ersatzformen**:

GOOD TO KNOW

Die MODALVERBEN ***will, shall, would, could, might, should*** kommen auch in den CONDITIONALS vor (Kap. 1).

If it rains, I **will/shall** take an umbrella.	FIRST CONDITIONAL
If it didn't rain, we **would/should/might** sit in the garden.	SECOND CONDITIONAL
If she had learned, she **would/might/could** have got a better mark.	THIRD CONDITIONAL

Zurück zur Verwendung der Modalverben in der Gegenwart SIMPLE PRESENT und Vergangenheit SIMPLE PAST:

MODALVERB	**Ersatzform**
can	to be able to
must	to have to
must not	not to be allowed to
need to	to have to
need not	not to have to
will	would
may	to be allowed/able to
shall	to be supposed/expected to

! Wichtig ist: Die **Ersatzform** muss in die richtige Zeit gebracht werden, indem to be entsprechend verändert wird. Außerdem: Im SIMPLE PRESENT habe ich die Option beide Formen zu verwenden, im SIMPLE PAST dagegen nicht!

SIMPLE PRESENT	SIMPLE PAST
I **can/am able** to swim.	I **could** swim. I **was able to** swim.
We **must/have to** leave.	We **had to** leave.
We **must not / are not allowed to** be loud.	We **were not allowed to** be loud.
You **need to / have to** do this.	You **had to** do this
We **need not / don't have to** go.	We **didn't have to** go.
They **will** come soon.	They **would** come soon.
I **shall / am supposed to** get a car.	I **was supposed to** get a car.

SOME EXAMPLES

Aussage PRESENT PAST

I	**can** ride	a horse.
You	**must** listen	carefully.
He	**will** fly	to London tomorrow.
They	**may** find	a new house soon.
We	**shall** wait	for the others.

I **could** ride	a horse.
You **had to** listen	carefully.
He **would** fly	the other day.
They **were able to** find	a house.
We **were supposed to** wait.	for the bus

Verneinung = not

I	**cannot** ride	a horse. Schreibweise!	I **couldn't...**
You	**don't have to** listen	carefully. must not = Verbot!!	You **didn't have to...**
He	**will not/ won't** fly	to London tomorrow.	He **wouldn't...**
They	**may not** find	a new house soon.	They **were not able to...**
We	**shall not** wait	for the others.	We **weren't supposed to...**

Frage: PRESENT

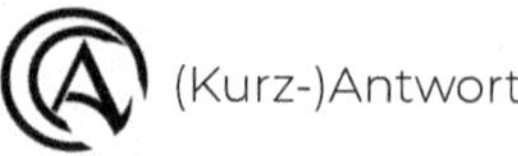

(Kurz-)Antwort

Can	I	ride a horse?
Must	you	listen carefully?
Will	he	fly to London?
May	they	find a new house?
Shall	we	wait for the others?

Yes, I **can**.
Yes, you **must**.
No, we **will not**.
No, they **may not**.
Yes, we **shall**.

Frage: PAST

(Kurz-)Antwort

Could	I	ride a horse?
Did	you have to	listen carefully?
Would	he	fly to London?
Were	they able to	find a new house?
Were	we supposed to	wait for the others?

Yes, I **could**.
Yes, you **did**.
No, we **wouldn't**.
No, they **weren't**.
Yes, we **were**.

GOOD TO KNOW

MODALVERBEN brauchen wir auch, wenn wir Annahmen ausdrücken wollen oder was hätte passiert sein können (in der Vergangenheit): MODALVERB + PRESENT PERFECT (Kap. 4, Band 1):

They **might** have landed by now.	Möglicherweise sind sie schon gelandet.
She **could** have finished this earlier.	Sie hätte früher fertig sein können.
We **should** have considered this.	Wir hätten das in Betracht ziehen sollen.

LET'S RECALL MODAL VERBS

- ***will, can, must, need, should, would etc. + INFINITIVE***
- Annahmen, Fähigkeiten, Verbote, Erlauben ausdrücken.
- Ersatzformen kennen!
- Sie finden auch Verwendung bei den CONDITIONALS.

Have a break! BEFORE YOU START THE WORKOUT
Time for a cup of tea or coffee....

Die Übungen in diesem Kapitel beziehen sich entweder auf ADJEKTIVE (ADVERBIEN + Steigerung) oder auf MODALVERBEN. Das wird – wie immer – oben rechts angezeigt.

„as good as it gets“ ... **... "besser geht's nicht"**

Persönliche Notizen

YOUR WORKOUT – YOUR TURN

LEISURE
1-10/60 **LEISURE** 9
ADJECTIVES, ADVERBS
COMPARISON

SAY IN ENGLISH

1. Er ist ein vorsichtiger Autofahrer. Er fährt vorsichtig. ***(careful)***
2. Sie ist gut in Mathe. Sie versteht Mathematik gut. ***(good (at))***
3. Es riecht furchtbar hier! Sie waren furchtbar nett zu uns. ***(awful)***
4. Das Wetter in den Bergen war extrem. Der Berg war extrem hoch. ***(extreme)***
5. Die Häuser hier sind genauso teuer wie in den Großstädten. ***(expensive)***
6. Das ist das unglaublichste, das ich je gehört habe. ***(incredible)***
7. Glaubst du, dass unsere Mannschaft besser als letzte Woche spielen wird? ***(our team)***
8. Das ist der schönste Teil des Nationalparks. ***(nice)***
9. Wir haben genauso viele Stühle wie Gäste kommen werden. ***(many)***
10. Warum sind die Bananen heute teurer als gestern? ***(expensive)***

CHECK YOUR ANSWERS

1-10/60 **LEISURE**
ADJECTIVES, ADVERBS
COMPARISON

1. He is a careful driver. He drives carefully. ***Im ersten Satz beschreibt das ADJEKTIV den Zustand, d.h. wie jemand ist. Im zweiten Satz beschreibt das ADVERB, wie er es tut!***

2. She is good at maths. She understands maths well. ***Im ersten Satz beschreibt das ADJEKTIV, dass sie gut darin ist (Zustand). Im zweiten Satz drückt das ADVERB aus, wie sie es versteht.***

3. It smells awful in here. They were awfully nice to us. ***Die Beschreibungen, wie unsere Sinne etwas wahrnehmen, gelten als Zustände, also wird das ADJEKTIV verwendet. Im zweiten Satz beschreibt das ADVERB ein anderes ADJEKTIV (nice) näher!***

4. The weather in the mountains was extreme. The mountain was extremely high. ***Im ersten Satz beschreibt das ADJEKTIV die Berge. Im zweiten Satz umschreibt das ADVERB ein anderes Adjektiv (high).***

5. The houses here are (just) as expensive as in the big cities. ***Genauso teuer wie = Gleichstellung.***

6. This is the most incredible thing I have ever heard. ***Hier wird das ADJEKTIV mit most gesteigert! Achtung: PRESENT PERFECT im zweiten Satzteil!***

7. Do you think our team will play better than last week? ***Hier wird gesteigert mit -er. Achtung unregelmäßiges ADJECTIVE: good, better than, the best.***

8. This is the nicest part of the national park. ***Steigerung mit –est.***

9. We have as many chairs as guests will come. ***Gleichstellung mit as... as., hier muss es many chairs heißen = zählbar.***

10. Why are bananas more expensive today than yesterday? ***Steigerung des ADJEKTIVS mit more. Hier wird kein the verwendet, weil die Bananen allgemein gemeint sind!***

„smooth sailing“ ... **... “reibungslos“**

SAY IN ENGLISH

11-20/60 **LEISURE** 9
MODAL VERBS

11. Du brauchst heute nicht zu kochen. Wir werden etwas bestellen.
(not need/have to / will order)

12. Morgen früh müssen wir zeitig losfahren.
(Must = have to / leave early)

13. Letzte Woche mussten wir nicht so früh los. *(have to / not leave as early)*

14. Die SchülerInnen durften lange Zeit nicht in die Schulen.
(not / to be allowed to / into the schools)

15. Sollen wir später eine Radtour machen? *(shall / go for a bike ride)*

16. Darf ich Ihnen noch etwas bringen? *(can/may / get you)*

17. Er fragte, ob er ihnen noch etwas bringen durfte. *(can / to be allowed to)*

18. Wir sollten um 20 Uhr da sein. Aber wir konnten es nicht schaffen.
(to be supposed to / cannot make it)

19. Ihr dürft nicht alleine mit dem Bus fahren! Wir durften nicht alleine fahren.
(must not / not to be allowed to)

20. Wir sollten bald die Heizung kontrollieren lassen.
(should / to have the heating checked)

CHECK YOUR ANSWERS

11-20/60 **LEISURE**
MODAL VERBS

11. You don't need / have to cook today. We will order something. ***Nicht brauchen, nicht müssen – der Unterschied ist hier sehr gering.***
12. Tomorrow morning we must/have to leave early.
Must + have to können alternativ – im SIMPLE PRESENT – verwendet werden.
13. Last week we didn't have to leave so early. ***Hier muss have to in der Vergangenheitsform und negativ did not have to verwendet werden! Must kann ich in der Vergangenheit nicht verwenden!***
14. The pupils were not allowed into the schools for a long time.
In der Vergangenheit braucht es die Ersatzform!
15. Shall we go for a bike ride later?
16. Can/May I get you anything else? ***can/may können hier alternative verwendet werden. Achtung: get bedeutet, dass jemand etwas für eine andere Person holt. Da es eine Frage ist, wird anything benötigt.***
17. He asked whether/if he could/was allowed to get them something else. ***Hier wird can zu could und may muss in der Ersatzform verwendet werden (Vergangenheit was allowed to). Da der Satz nun nicht als Frage dasteht, wird something verwendet!***
18. We were supposed to be there at 8 pm. But we couldn't make it. ***Auch hier braucht es die Ersatzform. Und aus can wird in der Vergangenheit could.***
19. You must not/are not allowed to travel alone on the bus. We were not allowed to travel alone. ***In der Gegenüberstellung der beiden Sätze wird es nochmal deutlich: Im Simple Present kann ich must not verwenden, im Simple Past muss ich die Ersatzform nehmen!***
20. We should have the heating checked soon. ***Achtung: Dieser Satz steht im Passiv (kontrollieren lassen = to have checked) Kap. 4.***

„Fake it till you make it" ... ... "Tu so als ob, bis du es geschafft hast"

FILL IN THE GAPS

21-40/60 **LEISURE** 9
ADJECTIVES, ADVERBS
COMPARISON, MODAL VERBS

21. Did you think the film was ________________ ***(lustig/funny)***?
22. Yesterday she called me and asked me ______________ ***(direkt/direct)*** if I was **insulted**. *(beleidigt)*
23. This was ____________ ***(der beste/good)*** film I have ever watched.
24. Can you think of anyone who plays tennis _____________ ***(genauso gut wie)*** Mark?
25. This material feels very ________________ ***(angenehm/comfortable)***.
26. The children say they _____________ ***(müssen nicht)*** wear masks anymore in the classroom!
27. Do you think playing golf is ____________ ***(schwieriger/difficult)*** than sailing?
28. The exam was very _____________ ***(leicht/easy)***. I'd say it was _________________ ***(die leichteste)*** for years.
29. I could do with _____________________ ***(weniger/little)*** stress.
30. I could tell that he _________________ ***(ehrlich/genuine)*** liked her.
31. He acts very ____________________ ***(selbstbewusst/confident).***
32. She is a very ____________________ ***(selbstbewusst/confident)*** person.
33. Damn! Why is this so ________________ ***(furchtbar/awful)*** difficult?!
34. What are you doing? You ________________ ***(nicht dürfen)*** drop your **litter** in our front garden! *(Abfall)*
35. She looks __________________ ***(so wunderschön wie/lovely)*** always.
36. As far as I know, the Millers _______________ ***(sollten)*** have moved until the beginning of this month.
37. Mmmh – it smells ____________________ ***(gut/good)***. What are you cooking?
38. __________________ ***(darf)*** I bring you any dessert? We have nice puddings.
39. This is ___________________ ***(am unglaublichsten/incredible)*** thing I have ever heard of.
40. I like our neighbour. She always greets us _______________ ***(freundich/ friendly)***.

CHECK YOUR ANSWERS

21-40/60 **LEISURE**
AJECTIVES, ADVERBS
COMPARISON, MODAL VERBS

21. Did you think the film was funny?
ADJECTIVE / Wie war der Film?

22. Yesterday she called me and asked me directly if I was insulted.
ADVERB / Wie hat sie mich gefragt?

23. This was the best film I have ever watched.
COMPARISON

24. Can you think of anyone who plays tennis as good as Mark?
COMPARISON

25. This material feels very comfortable.
ADJECTIVE / Wie es sich anfühlt – Zustand.

26. The children say they don't have to/don't need to wear masks anymore in the classroom!
MODAL VERB / Hier sind beide Optionen möglich.

27. Do you think playing golf is more difficult than sailing?
COMPARISON

28. The exam was very easy. I'd say it was the easiest for years.
COMPARISON

29. I could do with less stress.
COMPARISON / unregelmäßig gesteigert (little).

30. I could tell that he genuinely liked her.
ADVERB / Wie mochte er sie?

31. He acts very confidently.
ADVERB / Wie handelt er?

32. She is a very confident person.
ADJECTIVE / Wie ist sie?

33. Damn! Why is this so awfully difficult?!
ADVERB / Es beschreibt das Adjektiv difficult näher.

34. What are you doing? You mustn't / are not allowed to drop your litter in our front garden!
MODAL VERB / Ersatzform möglich.

35. She looks as lovely as always.
COMPARISON

36. As far as I know, the Millers should / were supposed to have moved until the beginning of this month.
MODAL VERB / Ersatzform.

37. Mmmh – it smells good. What are you cooking?
ADJECTIVE

38. May I bring you any dessert? We have nice puddings.
MODAL VERB

39. This is the most incredible thing I have ever heard of.
COMPARISON

40. I like our neighbour. She always greets us in a friendly way.
ADVERB / Wie grüßen sie? Da friendly auf –ly endet, umschreiben!

- ***as good as:*** so gut (spielen, laufen) wie
- ***as well as:*** auch:
- ***I like fish as well as meat!:*** Ich mag Fisch und Fleisch!

Persönliche Notizen

FIND & FIX THE MISTAKE

41-60/60 **LEISURE** 9
ADJECTIVES, ADVERBS
COMPARISON, MODAL VERBS

41. You are behaving very friendly.
42. It was very nicely of Peter to help me with the letter.
43. We have fewer milk left than I thought.
44. When we met them yesterday they can give us the information.
45. Paul plays football as well as David.
46. She knew she mustn't get milk, her mom would get it.
47. This car drives very fastly.
48. Our weather in Italy is so good as last year.
49. Do you can bring me some water?
50. This steak tastes nicely.
51. The children were dancing and singing happy.
52. The weather is extreme pleasant.
53. She told her that she must post the letter yesterday morning.
54. She strong recommended that they buy the house now.
55. She does everything very proper.
56. They knew they should go to the doctor, but they didn't.
57. Last week we saw the most funny film ever.
58. Do we must go home now?
59. This sofa is comfortabler than ours at home!
60. He pressed the **cap** on very hardly. *(Deckel)*

CHECK YOUR ANSWERS

41-60/60 **LEISURE**
ADJECTIVES, ADVERBS
COMPARISON, MODAL VERBS

41. You are behaving **in a very friendly way** ~~very friendly~~. *ADVERB / Weil friendly bereits auf -ly endet, müssen wir es als Adverb umschreiben.*
42. It was very **nice** ~~nicely~~ of Peter to help me with the letter. *ADJECTIVE / Zustand!*
43. We have **less** ~~fewer~~ milk left than I thought. *COMPARISON / wenig Menge = unregelmäßig gesteigert: litte, less, least. Few wird bei zählbaren Dingen verwendet.*
44. When we met them yesterday they **could/were able to** ~~can~~ give us the information. *MODAL VERB / Es wird häufig falsch verwendet – can verändert sich im SIMPLE PAST.*
45. Paul plays football as **good** ~~well~~ as David. *COMPARISON / Gleichsetzung mit Adjektiv. As well as = auch.*
46. She knew she **didn't have to/didn't need to** ~~mustn't~~ get milk, her mom would get it. *MODAL VERB / Es wird häufig falsch gemacht – must verändert sich im SIMPLE PAST!*
47. This car drives very **fast** ~~fastly~~. *ADVERB / Es ist ein unregelmäßiges Adverb.*
48. *Our weather in Italy is as ~~so~~ good as last year. / COMPARISON / Gleichsetzung immer mit as... as.*
49. ~~Do you can~~ **Can you** bring me some water? *MODAL VERB / Es wird häufig falsch verwendet: can steht niemals mit do zusammen.*
50. This steak tastes **nice** ~~nicely~~. *ADJECTIVE / Wahrnehmungen = Zustand.*
51. The children were dancing and singing **happily** ~~happy~~. *ADVERB / Wie taten sie es?*
52. The weather is **extremely** ~~extreme~~ pleasant. *ADVERB / Es beschreibt anderes Adjektiv näher!*
53. She told her that she **had to/needed to** ~~must~~ post the letter yesterday morning. *MODAL VERB / Es wird häufig falsch gemacht: must verändert sich im SIMPLE PAST.*
54. She **strongly** ~~strong~~ recommended that they buy the house now. *ADVERB / Wie tat sie es?*
55. She does everything very **properly** ~~proper~~. *ADVERB / Wie tut sie es?*

56. They knew they **were supposed to** ~~should~~ go to the doctor, but they didn't.
MODAL VERB / Es wird häufig falsch verwendet: Should have done = vergangen, sonst bezieht sich should auf etwas, das noch kommt (Future).
57. Last week we saw the **funniest** ~~most funny~~ film ever.
COMPARISON / falsch gesteigert.
58. **Do we have to/Must we** ~~Do we must~~ go home now?
MODAL VERB / Es wird häufig falsch gemacht – must nicht mit do verwenden!
59. This sofa is **more comfortable** ~~comfortabler~~ than ours at home!
COMPARISON / falsch gesteigert.
60. He pressed the cap on very **hard** ~~hardly~~.
ADVERB / unregelmäßiges Adverb.Deckel

Persönliche Notizen

YOUR WORKOUT – YOUR TURN

BUSINESS
1-10/60 **BUSINESS** 9
ADJECTIVES, ADVERBS
COMPARISON

SAY IN ENGLISH

1. Es ist ein riskantes Geschäft. Sie verhalten sich riskant.

2. Gute MitarbeiterInnen sind schwer zu finden. Es ist schwer, MitarbeiterInnen zu finden, die gut arbeiten.

3. Wir brauchen spezielle Materialien für unsere Produktion. Es ist besonders schwierig, diese Materialen zu besorgen.

4. Das war eine harte Woche für uns alle. Alle haben sehr hart gearbeitet.

5. Wenn die Ware bei dem neuen Lieferanten genauso viel kostet wie beim bisherigen, wechseln wir nicht.

6. Das war weniger Aufwand als erwartet! Der wenigste Aufwand seit Jahren!

7. Ich dachte, die MitarbeiterInnen im Team wären motivierter als letzte Woche.

8. Wir wollen das Programm so effektiv wie möglich nutzen.

9. Das Programm sollte so effektiv wie möglich sein.

10. Ich hoffe, Sie fühlen sich in unserer Abteilung wohl.

CHECK YOUR ANSWERS

1-**10**/60 **BUSINESS**
ADJECTIVES, ADVERBS
COMPARISON

1. It is a risky business. You are behaving riskily. ***Im ersten Satz beschreibt das ADJEKTIV den Zustand des Business. Im zweiten Satz umschreibt das ADVERB das Verhalten.***

2. Good staff/employees are hard to find. It is hard to find staff who work well. ***Erster Satz: ADJEKTIV, zweiter Satz ADVERB unregelmäßig.***

3. We need special materials for our production. It is especially difficult to get/ buy these materials. ***Erster Satz: Beschreibung eines Zustands / Nomen = ADJEKTIV. Zweiter Satz: Das ADVERB umschreibt ein anderes Adjektiv (difficult) näher.***

4. It was a hard week for all of us. Everyone has worked very hard. ***Erster Satz ADJEKTIV, zweiter Satz ADVERB, aber: unregelmäßig (hardly = kaum).***

5. If the goods of the new supplier cost as much as they did with the previous one, we will not change. ***Gleichsetzung.***

6. That was less effort than expected! The least effort in years! ***Steigerung unregelmäßig. little – less than – the least***

7. I thought the team members were more motivated than last week. ***Steigerung mit "more".***

8. We want to use the programme as effectively as possible. ***Gleichsetzung mit einem ADVERB! Wie wollen wir es nutzen? So effektiv wie möglich.***

9. The programme should be as effective as possible. ***Hier dagegen: Wie effektiv soll das Programm sein? Gleichsetzung mit ADJEKTIV.***

10. I hope you feel comfortable in our department. ***Ausdrücke von Sinneswahrnehmungen = Zustand = ADJEKTIV.***

„It takes two to tango“ ... **... "es gehören immer zwei dazu"**

SAY IN ENGLISH

11-20/60 **BUSINESS**9
MODAL VERBS

11. Ich kann Ihnen genau erklären, warum wir fünf MitarbeiterInnen entlassen mussten!

12. Letztes Jahr durften wir aufgrund des Brexit keine **Zulieferer** aus England **beauftragen**. *(suppliers, to commission)*

13. Wir sollten es schaffen, die Projektunterlagen bis kommenden Freitag vorzubereiten oder etwa nicht?

14. Die Vorschrift lautet: Wir dürfen derzeit nicht zu zweit in der Kantine essen.

15. Susan, könnten Sie bitte meinen Termin morgen früh auf den Nachmittag **verschieben**? *(to reschedule)*

16. Was genau können wir für Sie tun?

17. Darf ich Ihnen ein Angebot machen?

18. Das hätten wir besser letzte Woche **erledigen** sollen! *(to deal with)*

19. Mussten Sie Ihr Firmenauto letzten Monat zurückgeben?

20. Wir werden im kommenden Quartal eine Menge Umsatz machen müssen, um den **Rückstand aufzuholen**. *(to make up leeway)*

CHECK YOUR ANSWERS

11-20/60 **BUSINESS**
MODAL VERBS

11. I can explain to you exactly why we had to lay off / dismiss five employees. ***Hier darauf achten, dass must in der Vergangenheit durch die Ersatzform have to ausgedrückt wird.***
12. Due to the Brexit, last year we were not allowed to commission suppliers from England. ***Auch hier brauchen wir die Ersatzform, um genau das auszudrücken – wir durften nicht.***
13. We should be able to / manage to prepare the project documentation by Friday next week, shouldn't we? ***Wir sollten es schaffen = es sollte möglich sein.***
14. The rule says: We are currently not allowed to / we mustn't eat in pairs in the canteen. ***Ein Verbot kann auf beide Weisen ausgedrückt werden: not allowed oder must not!***
15. Susan, could you please reschedule my appointment tomorrow morning to the afternoon please? ***Höfliche Nachfrage, meistens mit could. Can ebenfalls möglich.***
16. What exactly can we do for you?
Die Frage danach, was wir tun können.
17. May I make you an offer?
Höfliche Frage, ob man Angebot machen darf.
18. We should have done this last week!
Etwas hätte passieren sollen: should + have + 3. Form (PRESENT PERFECT).
19. Did you have to return your company car last month? ***Wenn man etwas tun musste (SIMPLE PAST), immer die Ersatzform have to verwenden.***
20. We will have to make a lot of turnover in the coming quarter in order to make up leeway. ***Etwas das in der Zukunft passieren muss drücken wir mit will + have to aus / niemals will + must zusammen.***

"get down to business" ... **... "zum Wesentlichen kommen"**

FILL IN THE GAPS

21-40/60 **BUSINESS** 9
ADJECTIVES, ADVERBS
COMPARISON, MODAL VERBS

21. The guy who called me yesterday was very ______________ ***(lästig).***
22. This quarter's figures are so good, that means we can act now ______________ ***(extrem)*** relaxed.
23. This company ____________________ ***(hätte machen können)*** some serious money.
24. What a ________ ***(zäh)*** negotiator. He argues very __________ ***(gut).***
25. What we expect from our applicants is that they __________ ***(können)*** familiarize themselves __________ ***(schnell)*** into new subjects.
26. Some money from the government ______________ ***(hätte möglicherweise geholfen)*** to keep most employees.
27. Our company is known for good customer services. That means we always treat our clients ____________ ***(freundlich).***
28. My new secretary sets up appointments even __________ ***(zuverlässiger)*** than the former one did.
29. A little support ____________ ***(hilft möglicherweise)*** Peter to get on ______________ ***(besser)*** with the task.
30. Next week, I ____________ ***(werde müssen)*** fly to Kopenhagen as it's usually much ___________ ***(effektiver)*** when we all meet in person.
31. Yesterday you ___________ ***(konnten)*** finalise the contract, congratulations!
32. Yesterday, the board of directors ___________ ***(musste)*** take a __________ ***(schwierig)*** decision.
33. We _____________ ***(sollten nicht)*** forward this email as it is, it ____________ ***(braucht, muss)*** revised.
34. An investment into Bitcoins is considered ________ ***(hoch)*** speculative.
35. I know this office is ____________ ***(weniger)*** comfortable for you, but we ______________ ***(müssen)*** to change rooms for the next two weeks.
36. ____________ ***(könnten)*** you give me a rough amount?
37. Our competitor has ___________ ***(genauso viele)*** subsidiaries as we have.
38. If I had known earlier about the problem, I _____________ ***(wäre es mir möglich gewesen)*** to help you. But I'm afraid, it's too late now!
39. Next year you ____________ ***(wirst müssen)*** take holidays early in the year.
40. What do you usually say? This is _______________ ***(so gut wie möglich besser geht es nicht)*** it gets.

CHECK YOUR ANSWERS

21. The guy who called me yesterday was very annoying.
    ADJECTIVE / Wie war er?
22. This quarter's figures are so good, that means we can act now extremely relaxed.
    ADVERB / beschreibt Adjektiv näher.
23. This company could have made some serious money.
    MODAL VERBS / Wie etwas hätte sein können.
24. What a tough/hard negotiator. He argues very well.
    ADJECTIVE, ADVERB / Wie ist der Verhandler? Wie argumentiert er?
25. What we expect from our applicants is that they can familiarize themselves quickly/fast into new subjects. ***MODAL VERB, ADVERB***
26. Some money from the government might have helped to keep most employees.
    MODAL VERB / Was möglicherweise geholfen hätte.
27. Our company is known for good customer services. That means we always treat our clients in a friendly way. ***ADVERB / Es muss umschrieben werden.***
28. My new secretary sets up appointments even more reliably than the former one did.
    COMPARISON / Steigerung eines Adverbs.
29. A little support might help Peter to get on better with the task.
    MODAL VERB, COMPARISON
30. Next week, I will have to fly to Kopenhagen as it's usually much more effective when we all meet in person. ***MODAL VERB, COMPARISON / Diese müssen in SIMPLE PAST und WILL Future wird immer durch have to ausgedrückt.***
31. Yesterday you could / were able to finalise the contract, congratulations! ***MODAL VERB / Ersatzform benutzen.***
32. Yesterday, the board of directors had to take a difficult decision.
    MODAL VERB, ADJECTIVE
33. We shouldn't forward this email as it is, it needs to be / must be revised. ***MODAL VERB***
34. An investment into Bitcoins is considered highly speculative.
    ADVERB / Es umscheibt ein Adjektiv näher.
35. I know this office is less comfortable for you, but we must / have to change rooms for the next two weeks. ***COMPARISON, MODAL VERB***
36. Could you give me a rough amount? ***MODAL VERB***
37. Our competitor has as many subsidiaries as we have. ***COMPARISON***
38. If I had known earlier about the problem, I would have been able to help you. But I'm afraid, it's too late now! ***MODAL VERB / Ich hätte helfen können!***
39. Next year you will have to take holidays early in the year.
    MODAL VERB
40. What do you usually say? This is as good as it gets. ***COMPARISON***

FIND & FIX THE MISTAKE

41-60/60 **BUSINESS** 9
AJECTIVES, ADVERBS
COMPARISON, MODAL VERBS

41. One of the key competencies of team leaders is to can reflect one's own actions self-conscious.
42. The behaviour of our new employee was even more ugly than that of Carl, who had been sacked because of bullying.
43. There was a genuinely effort to meet the monthly targets.
44. She said goodbye very friendly and left.
45. A university degree is so much worth like five years of work experience.
46. The employees knew what they must do, the instructions had been given to them in due time.
47. All team members felt very uncomfortably during the meeting.
48. What was the much demanding job you have ever done?
49. All participants in the meeting were behaving very strange.
50. Most staff thought the after-work party was funny.
51. What must you do yesterday that was so urgent?
52. The investment into advertising can perhaps bring us new sales.
53. If we would have known this earlier, we could find a better solution for the problem.
54. The turnover of this quarter was so high as that of the last quarter.
55. All in the production team worked very hardly.
56. She was wrong accused of taking documents home with her.
57. The boss knew he must get rid of the new staff member, he was a trouble maker.
58. Do you will work in the new project group if Peter asks you?
59. The figures showed we performed so good as last year.
60. The way John wins over his clients is much fascinating.

"play an ugly game" ... ... "einen Strich durch die Rechnung machen"

"splash out on something" ... ... "sich nicht lumpen lassen"

CHECK YOUR ANSWERS

41-60/60 **BUSINESS**
ADJECTIVES, ADVERBS
COMPARISON, MODAL VERBS

41. One of the key competencies of team leaders is to **be able to** ~~can~~ reflect one's own actions self-**consciously** ~~conscious~~. *MODAL VERB, ADVERB / can kann niemals mit to zusammenstehen, wie reflektiert man?*
42. The behaviour of our new employee was even **uglier** ~~more ugly~~ than that of Carl, who had been sacked because of bullying. *COMPARISON / Obwohl es auch funktioniert, kurze Wörter mit more/most zu steigern, wäre uglier hier die bessere Wahl.*
43. There was a **genuine** ~~genuinely~~ effort to meet the monthly targets. *ADJECTIVE / Wie war der Versuch?*
44. She said goodbye **in a very friendly way** ~~very friendly~~ and left. *ADVERB / friendly muss umschrieben werden.*
45. A university degree is **as** ~~so~~ much worth **as** ~~like~~ five years of work experience. *COMPARSION / Häufiger Fehler, dass so/like verwendet werden.*
46. The employees knew what they **had to** ~~must~~ do, the instructions had been given to them in due time. *MODAL VERB / Hier steht der Satz im SIMPLE PAST!*
47. All team members felt very **uncomfortable** ~~uncomfortably~~ during the meeting. *ADVERB / Verben der Empfindung werden wie Zustände behandelt (kein –ly).*
48. What was the **most** ~~much~~ demanding job you have ever done? *COMPARISON*
49. All participants in the meeting were behaving very **strangely** ~~strange~~. *ADVERB / Wie haben sie sich verhalten?*

50. Most staff thought the after-work party was **fun** ~~funny~~.
NOMEN / to be fun = Spaß machen.
51. What **did** ~~must~~ you **have to** do yesterday that was so urgent? *MODAL VERB / Der Satz steht im SIMPLE PAST = have to.*
52. The investment into advertising **might** ~~can perhaps~~ bring us new sales. *MODAL VERB / might drückt genau das aus: can perhaps.*
53. If we **had** ~~would have~~ known this earlier, we could **have found** ~~find~~ a better solution for the problem. *MODAL VERBS / Third Conditional!*
54. The turnover of this quarter was **as** ~~so~~ high as that of the last quarter. *COMPARISON*
55. All in the production team worked very **hard** ~~hardly~~.
ADVERB / unregelmäßiges Adverb.
56. She was **wrongly** ~~wrong~~ accused of taking documents home with her. *ADVERB / Wie wurde er beschuldigt?*
57. The boss knew he **had to** ~~must~~ get rid of the new staff member, he was a trouble maker. *MODAL VERB / SIMPLE PAST.*
58. ~~Do you~~ will **you** work in the new project group if Peter asks you? *MODAL VERB / will und do nie zusammen!*
59. The figures showed we performed **as** ~~so~~ good as last year. *COMPARISON*
60. The way John wins over his clients is **most** ~~much~~ fascinating. *COMPARISON*

Well done! You've deserved a little break!

stress = Betonung, Belastung
Englisch **lebt vom Rhythmus, einem Singsang,** es ist eine **Betonung-zählende Sprache**. Die Töne gehen hoch und runter: **beau**-ti-ful - **ta**-ble. Als Lernende/r ist nicht immer einfach, zu wissen, wo die Betonung liegt, aber es hilft, sich bewusst zu machen: Betonung ist wichtig! Mein Tipp: ausprobieren. Bei längeren Wörtern liegt häufig eine Betonung auf der 2. oder vorletzten Silbe: in-**qui**-si-tive - per-**pe**-tu-al unbefristet - im-per-**fec**-tion - sa-tis-**fac**-tion... Ergo: stress ist positiv.

 Before you *go on*, take a deep breath!

4 PREPOSITIONS – PASSIVE VOICE – USED TO – GERUND – IMPERATIVE

Im letzten Kapitel dieses Buches wende ich mich weiteren Themen zu, die erfahrungsgemäß ein paar Fragen aufwerfen.

PREPOSITIONS

Dieses Thema sorgt bei Lernenden häufig für Kopfzerbrechen. Wann heißt es of, for, on oder at? Tatsächlich gibt es nicht immer eine logische Erklärung, viele PRÄPOSITIONEN muss man ganz einfach lernen. Insgesamt summieren sich die prepositions auf über 100 – das Gefühl, *es gibt so viele verschiedene,* stimmt also. Ich kann hier nicht alle nennen, doch nicht alle kommen häufig vor. Nachstehend eine Auflistung der **45** häufigeren PRÄPOSITIONEN mit Hinweisen für die Anwendung.

QUICK READER PREPOSITIONS

about	= über/von = etwa/circa	Das inhaltliche, **nicht** das räumliche über: We talk about something, tell someone about it, you can be worried about things. About 30 percent have now got the second vaccination.
above	= über	Das räumliche über (statisch, Position benennen). Aber **nicht**, wenn wir uns über etwas bewegen (=*over)*: The lamp is hanging above the table. 400 m above sea level.
against	= gegen = entgegen	You can be against something, fight against someone, against this background= *entgegen/ vor* diesem Hintergrund
along	= entlang, längs = vorwärts	Wenn wir ausdrücken möchten, dass wir einen Weg *entlang*gehen: We walked along the river. The sheep refused to move along.

among/ amongst	= unter	Hiermit ist gemeint: innerhalb einer Menschenmenge, unter diesen Menschen, die nicht weiter benannt/identifiziert sind: Is there a doctor among(st) your group? People can share among themselves (nicht benannt).
around	= herum, um, = rund um = etwa	Räumlich: ist gemeint, dass sich etwas *rund um* einen Ort bewegt: You can walk around, find your way around, turn around Zeitlich: *etwa, ca. gegen*! I will arrive around 8 pm.
as	= als, während = wie = da, weil	I left just as the others were arriving. She cried as they hugged. The children wrote a story as the teacher had asked them to do. As the sun was shining, we went to the pool. We will stay at home as we haven't got any money.
at	= bei/m, am, zu	Räumlich: *bei/m*! Let's meet at the cinema, at Peter's (place). Zeitlich: *am, zu*! Für das Wochenende als Ganzes, mittags, mitternachts, beim Essen: at lunch, at breakfast, at dinner, bestimmte Feste als Ganzes: What are you doing at the weekend? We will come home at midnight or at midday. Will you visit us at Easter?
before	= vor, zuvor	Zeitlich, **nicht** räumlich! We need to get there before 8 pm. (räumlich *vor*: in front of).
behind	= hinter	Wenn wir räumlich *hinter* meinen, aber wir können auch Dinge, Personen *hinter* uns lassen: The cinema is behind the building. You can leave things behind.
below	= unterhalb = unten stehend	Räumlich: ewas liegt *unterhalb*! ... is below sea level... Inhaltlich: *unterhalb* eines Levels! His mark was below the average level. You will find all information in the text below.

beside	= außer, neben	Räumlich: ***neben***- The kitchen table is beside the window. Inhaltlich: ***außer***- Beside the bad smell, the room was quite nice.
besides	= zusätzlich	It's too hot to move, besides, my legs hurt.
between	= zwischen	Zeitlich, räumlich **oder** in menschlichen Beziehungen! We had a long break between the sessions. The stove is between the fridge and the sink. They promote cooperation between the staff. Wichtig hierbei: Die Personen sind bekannt (siehe *among*).
beyond	= über hinaus = außerhalb	Their commitment went beyond the normal. The crows went beyond control.
but	= aber, doch = sondern = außer	Our house is very small, but cosy. We didn't walk there, but took the bus. This is nothing but an excuse.
by	= von = an/nahe = von (gemacht) = durch = bis = mit	Wenn etwas *von* jemandem gemacht/hergestellt wurde: This painting is by Picasso. The book was written by Thomas Shaw. Auch wenn Wir sagen etwas ist *in der Nähe von*: The hotel is by the sea. Wird häufig benutzt zusammen mit Passive: etwas wird von jemandem gemacht/erledigt/ geliefert: The flowers are watered by a friend, **nicht** *from*. by *doing* this... you can reach that – durch etwas A, folgt B Zeitlich: *bis*! Can you please send the documents by tomorrow? Für Reisen mit Verkehrsmitteln: *mit*! They came by car. They travel by train or by plane and sometimes by bus.
despite	= trotz(dem) = obwohl	Despite the delay, I got to school on time. I quite liked the broccoli, despite the fact that I usually don't eat it.
during	= während	Zeitlich *während*: During our holiday, we didn't have to wear any masks. You mustn't eat during the lesson.

except	= außer = ausgenommen	I don't like dogs, except my own! All our friends are coming to the party, except Maria.
for	= für, auf, bei = als, zum = über/lang = seit = wegen = denn/weil	This is for you! We are prepared for all sorts of problems. I work for a company in my home town. What do you have for breakfast, lunch, dinner? Zeitlich: über eine Woche, Monat etc. I have lived here for three years. Zeitlich: seit = Zeitspanne! I have had this pain for two months now. The gym is closed for construction works. I came home very late for my boss had wanted me to finish a project.
from	= von/m = aus = vor	Räumlich: *von* A nach B, oder von einem Ort! The train goes from Munich to Berlin. They have just come back from work. Etwas erhalten *von* (Bewegung)! I got this present from my sister. Eher **nicht** wenn wir ausdrücken wollen, dass etwas jemandem gehört (siehe of): This is the house **of** my sister! Und eher **nicht**, wenn etwas von jemandem erledigt wird (passive) – siehe *by*. The roof protects the terrace from rain.
in	= in/im, am	Räumlich: *innerhalb* eines Raumes/Ortes! We were in Paris. They met in the park. Zeitlich: *am*! Für Tageszeiten und Jahresangaben: The meeting is in the morning/afternoon/evening. They got married in 2012.
into	= in/s	Drückt die *Bewegung* aus! We went into the museum.

like	= wie	Um etwas miteinander zu vergleichen: She is like her mother.
near	= nahe	Drückt aus, dass etwas *in der Nähe* ist: Augsburg is near Munich. Aber **nicht**, dass Menschen sich nahestehen: they are close friends.
of	= von = an = aus	Drückt aus, dass etwas (zu) jemandem gehört: This is the house of my sister. (Man könnte auch sagen: This is my sister's house.) The dog of my neighbour is very cute. (My neighbour's dog is very cute.) The amount of sugar was very high. This dress is made of silk.
off	= ausgeschaltet = verdorben = abseits = weg = los	Hier geht es um das Ausschalten: Please turn off the light. The meat smells off. Off the beaten track. (Abseits der üblichen Wege) Hands off! Stay off the lawn! The men packed the cars and went off.
on	= auf, am	Räumlich: *auf*! The plate is on the kitchen table. Auch an der Wand: on the wall. Zeitlich: *am*! Für Wochentage, bestimmte Tage: We meet on Thursdays. We go to church on Christmas Eve and Easter Sunday.
onto	= hinauf	Drückt die *Bewegung* aus – hinauf: The cat jumped onto the table.
opposite	= gegenüber = umgekehrt	Räumlich: ***gegenüber***! The post office is opposite the bakery. Inhaltlich und räumlich: in entgegengesetzter Richtung / Ansicht. We went into opposite directions. They were of opposite opinion.

over	= über = herüber = vorbei	Räumlich: über etwas gehen/fliegen! (*Bewegung* ausdrücken) You can walk over the bridge. We flew over New York. **Nicht** das statische über: The clouds were hanging **above** the mountains. The boys first looked at us, then they came over. Zeitlich: vorbei! Our holiday is now over.
past	= vorbei	Räumlich: an etwas *vorbei* gehen/fahren: We drove past the train station.
since	= seit, weil/da	Zeitlich: *seit* (Zeitpunkt)! I have had a dog since 2018. Begründungen: *weil, da*! Since there was no milk left, we had to buy some.
through	= durch	Räumlich: (*hin)durch*! We drove through many tunnels. Inhaltlich: *durch* einen Umstand! She got to know him through some friends.
to	= zu/m, nach = bis = auf = an = bis	Räumlich: eine Bewegung *zu* einem Ort (auch *nach*), einer Person! We were on our way to London. She takes the children to school every day. Walk down the road up to the traffic lights. They are looking forward to the end of the week. I am sending an email to my friend. Zeitlich: bis... Uhrzeit/Datum! The museum is opened from Tuesday to Saturday.
towards	=in Richtung = gegen	Räumlich: sich auf etwas *zubewegen*! We walked towards the foot of the mountain. Turn left and walk towards the church. Zeitlich: *gegen* Ende...! Towards the end of the film he fell asleep.
under	= unter	Räumlich: unter! (**nicht** unterhalb/below) You can put your bags under the tables. Inhaltlich: *unter* Beobachtung, Kontrolle...! They had everything under control.

underneath	= unterhalb	Räumlich und inhaltlich: ***unterhalb***! In the kitchen, there is a large drawer underneath the stove.
unlike	= anders = im Gegensatz	She is very unlike her sister (Gegenteil von like/*wie*!) Unlike many women, she doesn't use any make-up.
until	= bis	Zeitlich: ***bis***! You need to be back until 7 pm. Until the end of the week, they want to decide where to go on holiday. **Nicht** räumlich bis (**to**)!
up	= hinauf = hoch	You have to walk up the stairs/this road. This elevator goes up.
versus	= gegen, contra	Tonight France plays versus Italy.
with	= mit = bei	**Nicht,** wenn wir die Verkehrsmittel meinen (siehe by). I would like some cake with cream. She came with her daughter. He has been working for this employer since 2013.
within	= innerhalb = binnen	You have to stay within certain boundaries. We need an answer within the next two hours.
without	= ohne	And I'll have the ice-cream without cream, please!

GOOD TO KNOW

PRÄPOSITIONEN kommen unter anderem auch als PHRASAL VERBS vor. Gemeinsam mit einem Verb erhalten sie eine bestimmte Bedeutung. Auch von diesen gibt es jede Menge und man kann sie nur lernen und einüben. Ich empfehle Ihnen, sich diejenigen anzusehen, die Sie gerne können würden und nützlich finden. Wiederholen Sie diese zuerst.

Auf meiner Homepage können Sie sich eine Liste herunterladen: https://birgitkasimirski.de/wp-content/uploads/2021/08/List-of-Phrasal-Verbs.pdf

SOME EXAMPLES

apart from	= abgesehen von
ahead of	= vor
come along	= mitkommen
due to	= aufgrund
in spite of	= trotz...
live up to	= Erwartungen entsprechen

- ***cute:*** niedlich / süß, lawn: Rasen
- ***sink:*** Waschbecken
- ***cosy:*** gemütlich
- ***delay:*** Verspätung
- ***to hug:*** umarmen
- ***boundaries:*** Grenzen

PASSIVE VOICE

Das Konzept PASSIVE VOICE ist Lernenden vielleicht nicht bewusst - es braucht auch nicht allzu viel Aufmerksamkeit: Die Bildung unterscheidet sich nicht sehr von dem, was wir in der deutschen Sprache tun. Dennoch ist es gut zu wissen, was damit gemeint ist.

AKTIV meint ganz einfach, ein Subjekt (Person, Ding) *tut* (selbstständig) etwas.

PASSIV meint, etwas wird mit einem Objekt (Person, Ding) *getan*.

active voice	My father **built** a house.	**Mein Vater** baute ein Haus.
passive voice	The house **was built** by my father.	**Das Haus** *wurde* vom Vater *gebaut*.

QUICK READER PASSIVE VOICE

Sätze im Passiv: grammatikalische Form von to be + die 3. Form eines Vollverbs:

SIMPLE PRESENT	The house	**is** built	by my father.
PRESENT CONTINUOUS	The house	**is being** built	by my father.
SIMPLE PAST	The house	**was** built	by my father.
PRESENT PERFECT	The house	**has been** built	by my father.
WILL FUTURE	The house	**will be** built	by my father.
GOING TO FUTURE	The house	**is going to be** built	by my father.
PAST CONTINUOUS	The house	**was being** built	by my father.
PAST PERFECT	The house	**had been** built	by my father.

GOOD TO KNOW

Hilfreich ist, sich bewusst zu machen, was PASSIVE VOICE ist. Denn die Konstruktionen kommen in der Sprachanwendung häufig vor. Auch wenn Sie jetzt denken, das sei kompliziert, in der Anwendung fällt Ihnen das in der Regel eher leicht.

USED TO

Der Ausdruck USED TO wird gebraucht, um **ehemalige Gewohnheiten** (past habits) auszudrücken. Achtung: auf das to folgt immer ein INFINITIVE!

Ehemalige Gewohnheit

I **used to** smoke.	früher, jetzt nicht mehr
We **used to** have a dog.	heute haben wir keinen
Peter **used to** live abroad.	er ist wieder zurück im Land

Die Verwirrung liegt bei dem Verb to use, denn to use bedeutet **verwenden**, **benutzen**:

*You can **use** a knife to cut the meat.*

*Many people **use** public transport in order to get to work.*

Wenn im SIMPLE PAST ein Satz beispielsweise lautet:

*In former times, people **used** public transport more often to get to work.* *(benutzten)*

ändert sich durch den Zusatz used **to** die Aussage:

*In former times, people **used to** take public transport more often to get to work. heute nicht*

PECULIARITIES

Daneben gibt es noch die Konstruktion to be used to = **an etwas gewöhnt sein**:

I **am used to** staying up late at night.	Ich bin daran gewöhnt.
I can never **get used to** their arguing.	Kann mich nicht daran gewöhnen.
She **was getting used to** the noise.	Sie gewöhnte sich daran.

QUICK READER USED TO

I **used to** smoke. = I stopped
We **used to** live in Paris. = not anymore
I **am used to** dogs. = I have had dogs around me.
I want to **get used to** repeating grammar every day. = I would like to make it a habit.

GERUND

GERUND (Gerundium) muss man – ähnlich wie PRÄPOSITIONEN – üben. Es bezeichnet die sogenannte Substantivierung eines Verbs.

Durch das Anhängen von –ing wird aus einem Verb ein Substantiv:
aus *to learn* wird: ***learning*** (das Lernen)
aus *to apply* wird: ***applying*** (das Anwenden)
Manche Verben erfordern, dass auf sie ein GERUND folgt.

SOME EXAMPLES

Verben, nach denen das GERUND folgen **muss**:

to avoid	We must avoid annoying her too much.
to consider	They consider buying the house.
to mind	Do you mind getting some milk?
to risk	He will not risk losing any money.
to enjoy	We enjoy eating out at restaurants.
can't help	I can't help liking her.
to finish	She told him to finish watching that stupid film.
to resist	They couldn't resist trying the soup before it was served.

QUICK READER GERUND

GERUND = Substantivierung eines Verbs: to go –> **going**

Manche Verben **erfordern**, dass auf sie ein GERUND folgt, z.B.: I don't mind **getting** wet.

Manche Verben **erlauben**, dass auf sie ein GERUND **oder** INFINITIVE folgt:

I hate **feeling** cold. I hate **to feel** cold.

PECULIARITIES

Auf andere Verben dagegen **kann** ein GERUND folgen **oder** ein INFINITIVE! Nicht immer, aber machmal verändert sich dann die Aussage. Dann gilt als Hilfestellung:

Berichten wir von etwas Vergangenem, verwenden wir eher GERUND, berichten wir von etwas, das erst noch kommen wird, den INFINITIVE!

She will never forget bringing home a lost puppy.	Damals, als sie den Hundewelpen mitbrachte.
Don't forget to bring grandma a loaf of bread!	Vergiss nicht, es zu tun!

Die korrekte Anwendung dieser Fälle (GEsRUND oder INFINITIVE mit veränderter Bedeutung) gehört zu fortgeschrittenen Kompetenzen. LernanfängerInnen empfehle ich daher, das Konzept des GERUND anzuschauen, aber sich nicht damit zu überfordern. Im Verlauf des Lernprozesses werden sich diese Formulierungen nach und nach automatisch einprägen.

Bei den nachfolgenden Beispielen ändert sich die Aussage nicht:

SOME EXAMPLES

Verben, auf die GERUND **oder** INFINITIVE folgen **kann**:

to attempt	We attempt winning the game.	We attempt to win the game.
to begin	The class began watching.	The class began to watch
to continue	The crowd continued cheering.	The crowd continued to cheer.
to love/hate	We love eating chocolate.	We love to eat chocolate.
to prefer	Do you prefer buying black shoes?	Do you prefer to buy black shoes?
to start	They will start learning tonight.	They will start to learn tonight.

GOOD TO KNOW

Neben den oben aufgeführten Fällen (Verben, die ein GERUND erfordern) gibt es PRÄPOSITIONEN und feststehende Ausdrücke, die dies ebenfalls einfordern.

Beispiel: ***She is good at* playing *football. I am looking forward to* hearing *from you.***
Gerund richtig anwenden und einsetzen zu können, zeugt vor allem von fortgeschrittener Wortschatzkompetenz.

IMPERATIVE

Der IMPERATIVE ist die Befehlsform und sehr einfach anzuwenden. Es richtet sich immer an die zweite Person (you). Verwenden Sie den INFINITIVE und bei Verboten do not!

QUICK READER IMPERATIVE

Use the infinitive!
Put it in front of the sentence.
Don't change it.
Forget about her.
Do not forget to get the beer.
Don't drink and drive!

GOOD TO KNOW

Die Form des IMPERATIVE wird häufig in der Werbung verwendet - Sie werden aufgefordert:

Just ***do*** *it! (Nike)* ***Have*** *a break,* ***have*** *a Kit Kat! (Nestlé)* ***Come*** *in and* ***find*** *out! (Douglas)*

WOW!

We have finally come to an end!

This is the last chapter, so there is just one more set of exercises!

But first Have a break!

BEFORE YOU START THE WORKOUT

 Time for a cup of tea or coffee...

Persönliche Notizen

YOUR WORKOUT – YOUR TURN

LEISURE

10/60 **LEISURE** 10

PASSIVE VOICE

USED TO PREPOSITIONS

SAY IN ENGLISH

1. Unser Haus wurde 1984 von unseren Nachbarn gebaut.
   (to build)

2. Sie wurde von den meisten in der Klasse gemocht.
   (to like)

3. Mein Vater hat früher geraucht.
   (to smoke)

4. Unsere Nachbarn gegenüber haben keinen Hund.
   (our neighbours)

5. Warum willst du über das Buch mit mir sprechen?
   (to talk)

6. Der Kuchen wird von der Bäckerei geliefert.
   (to deliver)

7. Das Kino ist neben der Apotheke.
   (cinema, pharmacy)

8. Das Haus meiner Schwester liegt in einer Sackgasse.
   (dead-end street)

9. Die Jacke wird mit einem **Reißverschluss** zugemacht. *(zipper)*
   (to close)

10. Ich habe früher im Verein Fußball gespielt.
    (to play football / club)

CHECK YOUR ANSWERS

1-10/60 **LEISURE**
PASSIVE VOICE
USED TO PREPOSITIONS

1. Our house was built in 1984 by our neighbours. ***PASSIVE / Ein passiver Satz im SIMPLE PAST: was + 3. Form = built. Präposition: by... (Achtung: nicht from) etwas wurde von jemandem gemacht...***

2. She was liked by most of the class.
PASSIVE / Passiver Satz im SIMPLE PAST: was + 3 Form = liked.

3. My father used to smoke.
USED TO / Information: heute nicht mehr!

4. Our neighbours opposite don't have a dog.
Präposition gegenüber = opposite.

5. Why do you want to talk about the book with me?
Inhaltlich über etwas sprechen = talk about something.

6. The cake will be delivered from the bakery. ***PASSIVE / Passiver Satz in Will-Future: will be + 3. Form = delivered. Präposition from – hier findet Bewegung statt von A nach B.***

7. The cinema is next to the pharmacy.
Präposition neben = next to.

8. The house of my sister / my sister's house is in a dead-end street. ***Beides ist möglich, the house of my sister meint genau dasselbe wie my sister's house, nicht: from... Das Haus liegt in einer Straße...***

9. The jacket is closed with a zipper.
PASSIVE / Passiver Satz im Simple Present: is + 3. Form = closed.

10. I used to play football in a club. ***USED TO / Information: heute nicht mehr! "***

"in a good mood" ...	**... "gut gelaunt"**
"in no time" ...	**... "im Handumdrehen"**
"in charge of" ...	**... "verantwortlich sein"**
"in disguise" ...	**... "getarnt, verkleidet"**

SAY IN ENGLISH

11-20/60 **LEISURE** 10
GERUND, IMPERATIVE
PREPOSITIONS

11. Es macht mir nichts aus, dich nach Hause zu bringen.
(not, no mind / take home)

12. Lass uns morgen hinter dem G-Gebäude treffen.
(to meet / G-building)

13. Sie schrieben die Formel ab, wie es der Lehrer aufgetragen hatte.
(to write down the formula / had instructed)

14. Ist hier eine Krankenschwester unter Ihnen?
(nurse)

15. Etwa 30 Prozent der Menschen sind vollständig geimpft.
(to be fully vaccinated)

16. Er konnte nicht wiederstehen, die Vase anzufassen.
(not, to resist / touch the vase)

17. Über dem Tisch war eine neue Lampe.
(a new lamp)

18. Ich kann nicht anders, als sie zu mögen.
(can not help / like)

19. Sei nicht so empfindlich! Du verhältst dich wie ein Kind.
(not, to be so sensitive / act)

20. Fahren Sie die Straße bis zum Kreisverkehr hinunter und biegen Sie dann rechts ab.
(to drive / roundabout / turn right)

CHECK YOUR ANSWERS

11-20/60 **LEISURE**
GERUND, IMPERATIVE
PREPOSITIONS

11. I don't mind taking you home.
GERUND / Merke: auf to mind folgt ein Gerundium.

12. Let's meet behind the G-building tomorrow.
IMPERATIVE / Let us!

13. They wrote down the formula as the teacher had instructed them.
Präposition wie... = as...

14. Is there a nurse among/st you?
Präposition: among innerhalb einer Personengruppe.

15. About 30 percent of people are fully vaccinated.
Präposition etwa = about.... + passive Konstruktion: are vaccinated.

16. He couldn't resist touching the vase.
GERUND / Merke: auf to resist folgt ein Gerundium.

17. There was a new lamp above the table.
Präposition räumlich platziert über = above.

18. I can't help liking her.
GERUND / Merke: auf can't help folgt ein Gerundium.

19. Don't be so sensitive! You are acting like a child.
IMPERATIVE / Do not be!

20. Drive down the road until you reach the roundabout and then turn right.
IMPERATIVE

"by chance" ... ... "zufällig"

"by all means" ... ... "unbedingt"

"by luck" ...... "durch Glück"

"by accident" ...... "zufällig, aus Versehen"

FILL IN THE GAPS

21-40/60 **LEISURE** 10
PREPOSITIONS

21. When are Peter and Sandra coming? ______________ *(am)* the weekend.
22. We are writing the next class test ________ *(am)* 3rd July. Please be prepared!
23. When you leave, could you please switch ______________ *(aus)* the light?!
24. We arrived ____ *(am)* the museum _______ *(rechtzeitig)* time and went _______ *(hinein)* the exhibition ___________ *(um)* 4 pm.
25. Does this elevator go ___________ or ___________? *(auf- oder abwärts)*
26. The shops will not be open ________ **(am)** Christmas Day.
27. I am not afraid ________ *(vor)* any animals, _________ *(außer)* spiders.
28. Paul always works overtime. His commitment goes __________ *(darüber hinaus)* the normal.
29. This car is nothing _________________ *(außer)* expensive.
30. Ruby really annoys me. She is _________ *(gegen)* everything I suggest.
31. _____________ *(trotz)* the delay ____ *(von)* the bus, I got ________ *(zur)* school ___________ *(pünktlich)* time.
32. The last time we saw them was __________ *(an/zu)* Christmas.
33. I am always tired ____ *(am)* the mornings, but not at all _______ *(in der)* night.
34. Augsburg is __________ *(in der Nähe von)* Munich.
35. I can't play the piano as well ___________ *(genauso gut)* my sister can.
36. She plays the piano ________ *(wie)* a professional.
37. Our plane flew ____________ *(über)* the mountains _________ *(von)* Austria.
38. That meat smells ______________ *(verdorben)*! I am going to throw it away.
39. _____________ *(Während)* the concert everybody must turn their mobile phones _______________ *(aus)*.
40. Next year _________ *(zu)* carnival, I will dress up _______ *(als)* a harlequin.

"for certain" ... ... "ganz sicher"

"for lack of" ... ... "mangels"

"for good" ... ... "endgültig, für immer"

CHECK YOUR ANSWERS

21-40/60 **LEISURE**
PREPOSITIONS

21. When are Peter and Sandra coming? At the weekend.
BE: at the weekend, aber: AE: on the weekend.
22. We are writing the next class test on 3rd July. Please be prepared!
Bei allen Tagen (Monday, Wednesday etc. und allen Daten immer on...
23. When you leave, could you please switch off the light?!
Ausschalten switch off.
24. We arrived at the museum in/on time and went into the exhibition at 4 pm.
Treffen am Museum, in time = rechtzeitig; on time = pünktlich, in die Ausstellung (hinein)gehen, um 4 Uhr; Uhrzeiten immer mit at.
25. Does this elevator go up or down? ***Auf- oder abwärts.***
26. The shops will not be open on Christmas Day. ***Gilt wie ein bestimmter Tag.***
27. I am not afraid of any animals, except spiders.
Angst haben vor = to be afraid of...
28. Paul always works overtime. His commitment goes beyond the normal.
Über etwas hinausgehen...
29. This car is nothing but expensive. ***Nichts außer...***
30. Ruby really annoys me. She is against everything I suggest.
31. Despite the delay of the bus, I got to school in/on time. ***Die Verspätung des Busses (nicht from...) of the bus, Bewegung hin zu einem Ort = to school, in time = rechtzeitig; on time = pünktlich.***
32. The last time we saw them was at Christmas. ***Weihnachten, Ostern als Fest (nicht bestimmte Tage z.B. Heiligabend) immer mit at.***
33. I am always tired in the mornings, but not at all at night.
Tageszeiten = in the morning, afternoon, evening, aber at night.
34. Augsburg is near Munich.
35. I can't play the piano as well as my sister can. ***So gut wie = as well as.***
36. She plays the piano like a professional. ***Wie eine Berufsmusikerin.***
37. Our plane flew over the mountains of Austria.
Bewegung über etwan hinüber.
38. That meat smells off! I am going to throw it away. ***Riecht verdorben.***
39. During the concert everybody must turn their mobile phones off.
40. Next year for carnival, I will dress up as a harlequin.

"on average" ... ... "durchschnittlich"
"on behalf of" ... ... "im Auftrag/Namen von"
"on bail" ... ... „gegen Kaution"

FIND & FIX THE MISTAKE

41-60/60 **LEISURE** 10
GERUND, PREPOSITIONS

41. We have had our dogs since two months now.
42. This is the son from my older sister. His name is Erik.
43. Can we meet at Monday on midday?
44. I can't help to look at this couple. They look so strange.
45. The exhibition, which starts this weekend, is the works from Matisse.
46. Last summer we rented a hotel on the sea.
47. The picture is hanging over the door.
48. I am looking forward for seeing you.
49. I bought this car of my sister.
50. They came with the car to the wedding.
51. If they buy this house, they will risk to lose money.
52. There is no lamp at the wall, so I can't read here very well.
53. What do you think about walking long the river?
54. Over the first floor, there is only the **attic**. *(Dachboden)*
55. You can walk in the city for an hour now. We will meet again at 4 pm.
56. If you can't resist to eat sweets, it's a good idea to drink more water.
57. When I told Max about my plans he was opposed everything.
58. I'll call you in an hour and you can then tell me everything over your trip.
59. How did they get to Spain? With the plane.
60. As soon as they had finished to eat, the waiter took the plates away.

"at any cost" ... ... "um jeden Preis"

"at breakfast" ... ... "beim Frühstück"

"at ease" ... ... "ungezwungen, locker"

"at hand" ... ... "zur Hand, bei der Hand"

CHECK YOUR ANSWERS

41-60/60 **LEISURE**
GERUND, PREPOSITIONS

41. We have had our dogs **for** ~~since~~ two months now.
Seit als Zeitspanne = for; since = Zeitpunkt.
42. This is the son **of** ~~from~~ my older sister. His name is Erik.
Keine Bewegung from A to B / sondern zugehörig = my sister's son.
43. Can we meet **on** ~~at~~ Monday **at** ~~on~~ midday? *Bestimmte Tage= on...*
44. I can't help **looking** ~~to look~~ at this couple. They look so strange.
GERUND nach can't help!
45. The exhibition, which starts this weekend, is the works **of** ~~from~~ Matisse.
Die Werke wurden von ihm kreiert, es sind seine: Matisse's works.
46. Last summer we rented a hotel **at** ~~on~~ the sea. *On the sea wäre auf dem Meer. at the sea = am Meer, on the seadide = an der Küste!*
47. The picture is hanging **above** ~~over~~ the door. *Oberhalb von, keine Bewegung.*
48. I am looking forward **to** ~~for~~ seeing you. *Feststehender Ausdruck.*
49. I bought this car **from** ~~of~~ my sister.
Hier habe ich es von ihr gekauft, Bewegung von ihr zu mir.
50. They came **by** ~~with the~~ car to the wedding. *Verkehrsmittel nutzen: travel by...*
51. If they buy this house, they will risk **losing** ~~to lose~~ money.
GERUND: risk doing s.th.
52. There is no lamp **on** ~~at~~ the wall, so I can't read here very well.
An der Wand: on...
53. What do you think about walking **along** ~~long~~ the river? *Entlang = along...*
54. **Above** ~~Over~~ the first floor, there is only the attic.
Über dem Erdgeschoss, keine Bewegung.
55. You can walk **around** ~~in~~ the city for an hour now. We will meet again at 4 pm.
Hier ist umherlaufen gemeint.
56. If you can't resist **eating** ~~to eat~~ sweets, it's a good idea to drink more water. *GERUND: resist doing s.th.*
57. When I told Max about my plans he was **against** ~~opposed~~ everything. *Oppose kann als Verb verwendet werden = sich widersetzen. He opposed my plans. Gegen etwas sein = be against s.th.*
58. I'll call you in an hour and you can then tell me everything **about** ~~over~~ your trip.
Häufig falsch gemacht: über = over, aber inhaltlich: about!
59. How did they get to Spain? **By** ~~With the~~ plane. *Verkehrsmittel nutzen: go by...*
60. As soon as they had finished **eating** ~~to eat~~, the waiter took the plates away. *GERUND: finish doing sth.*

YOUR WORKOUT – YOUR TURN

BUSINESS

1-10/60 **BUSINESS** 10

PASSIVE VOICE, USED TO PREPOSITIONS

SAY IN ENGLISH

1. Können wir die Unterlagen zusammen einmal durchgehen?
2. Wie hieß nochmal der Lieferant, mit dem wir früher zusammen- gearbeitet haben?
3. Das Essen wird jeden Vormittag frisch von einem Caterer geliefert.
4. Unter den Aufsichtsratsmitgliedern sind einige ehemalige KollegInnen von mir.
5. Ich möchte bis Freitag wissen, wie die Aufgaben verteilt werden.
6. Bis vor einem Jahr habe ich um 8 Uhr angefangen zu arbeiten, doch jetzt beginne ich um 8:30.
7. Bitte schalten Sie alle Handys in diesem Meeting aus, da wir nicht gestört werden möchten.
8. Wie haben wir früher die Kunden kontaktiert?
9. Peter ist heute Morgen zu einem/r KollegIn nach London geflogen, das heißt, er wird ins Londoner Office gehen.
10. Gegen Ende des Vortrags kam er endlich auf die Kernaussage zu sprechen.

CHECK YOUR ANSWERS

1-10/60 **BUSINESS**
PASSIVE VOICE
USED TO PREPOSITIONS

1. Can we go through the documents together once? ***inhaltlich durcharbeiten = to work through, hier durchgehen = to go through.***
2. What was the name of the supplier we used to work with? ***USED TO / Enthält die Information: heute nicht mehr! Präposition of, man könnte auch sagen: the supplier's name.***
3. The food is delivered fresh every morning by a caterer. ***PASSIVE / Achtung: Bei der Präposition nicht from verwenden. Etwas wird von jemandem erledigt = is done by.***
4. Among the members of the Supervisory Board are some former colleagues of mine. ***In einer Menge Menschen = among. Of, denn hier könnte es heißen: the Supervisory Board's members.***
5. I would like to know by Friday, how the tasks will be distributed. ***PASSIVE / bis Freitag = by; etwas wird verteilt – hier Zukunft: will be + 3. Form.***
6. Until a year ago / Up to a year ago, I started / I used to start work at 8 a.m., but now I start at 8:30 a.m. ***USED TO / Es gibt oft mehrere Optionen, etwas auszudrücken. Wichtig: Uhrzeit = at.***
7. Please turn off all mobile phones during this meeting, as/since we don't want to be disturbed. ***PASSIVE / mehrere Optionen für weil/da, auch möglich wäre because.***
8. How did we contact customers in the past? / How did we use to contact customers in the past? ***USED TO / das used to kann als Frage formuliert werden, dann allerdings mit did + INFINITIVE= Regel SIMPLE PAST Fragen stellen.***
9. Peter flew to London this morning to meet a colleague, which means he will go to / into the London office. ***Beides Mal sind es Orte, zu denen er hingeht = to, bzw. beim Büro geht er in ein Gebäude, daher auch into möglich.***
10. Towards the end of the presentation, he finally got to the core message. ***Häufig fehlt Ungeübten hier das richtige Wort: towards. Of, denn wieder könnte man sagen: the presentation's end; to get to something = ankommen, hinkommen.***

"out of reach" ... ... "unerreichbar"

"out of stock" ... ... "vergriffen, ausverkauft"

"out of the ordinary" ... ... "ungewöhnlich"

SAY IN ENGLISH

11-20/60 **BUSINESS**10
GERUND, IMPERATIVE
PREPOSITIONS

11. **Jobanforderung**: Seien Sie ein/e guter ZuhörerIn und zeigen Sie Interesse an den Bedürfnissen anderer Menschen! *(job requirement)*

12. Während seiner Zeit als Abteilungsleiter hat er durch seine Autorität und **Glaubwürdigkeit** überzeugt. *(credibility)*

13. Susan, bitte sagen Sie mir Bescheid, sobald die ArbeiterInnen damit fertig sind, die **Schränke** aufzubauen. *(cabinets)*

14. Vielen Dank, dass Sie gekommen sind!

15. Karl, bitte beschreiben Sie Herrn Fischer doch den Weg, den er Richtung Autobahn nehmen kann!

16. Könnte ich zwei Ihrer MitarbeiterInnen bis morgen ausleihen?

17. Ich denke, wir können heute weiter an unseren Messevorbereitungen arbeiten.

18. Leyla ist die deutsche Produktionsleiterin einer Designagentur in Paris.

19. "Man lernt nicht laufen, indem man Regeln befolgt. Man lernt, indem man tut und stolpert." (Richard Branson)

20. Ich freue mich darauf, Sie alle in der nächsten Vorstandssitzung wiederzusehen.

CHECK YOUR ANSWERS

11-20/60 **BUSINESS**
GERUND, IMPERATIVE
PREPOSITIONS

11. Job requirement: Be a good listener and show interest in other people's needs. ***IMPERATIVE / Bei der Befehlsform wird der Infinitiv verwendet, Adressat immer you!***

12. During his time as head of department, he convinced with/through his authority and credibility. ***Während = during, Leiter von der Abteilung = of, durch etwas überzeugen = convince with/through.***

13. Susan, please let me know as soon as the workers have finished putting up the cupboards/cabinets. ***IMPERATIVE, GERUND / sobald = as soon as, finish erfordert Gerundium: finish doing something.***

14. Thank you very much for coming! ***GERUND / Die Formulierung thank you for erfordert ein Gerundium: thank you for doing.***

15. Karl, please describe to Mr. Fischer the route that/which he can take towards/in the directions of the motorway! ***Jemandem etwas beschreiben: describe to someone.***

16. Could I borrow two of your staff until tomorrow? ***Häufig möchte man from sagen, aber es muss hier of heißen (sie gehören zu dir).***

17. I think, today we can continue to work / working on our trade fair preparations. ***GERUND / Hier gibt es die Option: entweder nach continue weiter mit INFINITIVE oder GERUND.***

18. Leyla is the German head of production at a design agency in Paris.

19. "You don't learn to walk by following the rules. You learn by doing and by falling over." (Richard Branson) ***GERUND / by drückt hier aus: durch das Befolgen, indem man ausprobiert, stolpert.***

20. I look forward to seeing you all again at/in the next board meeting! GERUND / feststehender Ausdruck! ***In the meeting*** = im Meeting, ***at the meeting*** = beim Meeting.

FILL IN THE GAPS

21-40/60 **BUSINESS** 10
PREPOSITIONS

21. This is Alan speaking. Could you put me __________ ____ ***(durchstellen)*** John, please?
22. I hope the new CEO can live ________ ***(erfüllen)*** the expectations.
23. Ron, please let us know what you think ________ ***(darüber denkst)*** our suggestions.
24. Where did you get this information ______ ***(woher)***? Nobody else seems to have it.
25. Maren and Klaus are tied ________ ________ ***(gebunden)*** other commitments at the moment.
26. Where is Peter? – He is speaking __________ ***(auf anderer Leitung)*** the other line at the moment.
27. It's all prepared: I've arranged _______ name badges and signing-________ lists. ***(gesorgt für)***
28. What time will the group set ______ ***(losfahren)*** tomorrow morning?
29. I have decided to share all presents we have got so far equally ____________ ***(aufteilen)*** you.
30. Can we cancel our morning meeting and do it _________ ***(am Nachmittag)*** the afternoon instead?
31. ____________ ***(Trotz)*** our delay, I think the headquarter will not impose any penalties __________ ***(auferlegen)*** us.
32. Are you familiar __________ ***(vertraut mit)*** our company rules? Otherwise, I will give you a handout.
33. Mr. Brown is the new HR manager ___ ***(bei)*** an international company and will be responsible ______ ***(für)*** 500 staff ______ ***(ab)*** the beginning of next month.
34. I was very surprised. The work Mary has handed in was so ___________ ***(anders)*** anything she handed in before. What is wrong with her?
35. _______ ***(Vor)*** this background, I can't leave you alone with the responsibility.
36. Thomas handed _________ ***(überreichen)*** the documents ______ ***(an)*** me just ____ ***(gerade als)*** I was (überreichen, an) passing by his office.
37. There must be a solution ___ ***(für)*** the problem. Tell me, are we getting close?
38. Let's talk _______________ ***(über)*** all options next week, shall we?
39. These are the framework conditions ___________ ***(innerhalb)*** which we have to operate.
40. Tom and Frank never agree. They always are of ____ ***(gegensätzlich)*** opinion.

CHECK YOUR ANSWERS

21. This is Alan speaking. Could you put me through to John, please? ***to put s.o. through = am Telefon durchstellen zu jemandem = to.***
22. I hope the new CEO can live up to the expectations. ***to live up to = etwas erfüllen.***
23. Ron, please let us know what you think about our suggestions. ***inhaltlich über = about.***
24. Where did you get this information from? Nobody else seems to have it. ***Von wem erhalten? (Bewegung) = from.***
25. Maren and Klaus are tied up with other commitments at the moment. ***to be tied up with something – mit etwas gebunden/beschäftigt sein***
26. Where is Peter? – He is speaking on the other line at the moment. ***You speak on/over the phone.***
27. It's all prepared: I've arranged for name badges and signing-in lists. ***to arrange for = für etwas sorgen.***
28. What time will the group set off tomorrow morning? ***to set off = losfahren.***
29. I have decided to share all presents we have got so far equally between you. ***between weil die Personen bekannt sind, es ist keine unbekannte Gruppe (= among).***
30. Can we cancel our morning meeting and do it in the afternoon instead? ***in the morning, in the afternoon, usw.; auch wenn wir am sagen...***
31. Despite our delay, I think the headquarter will not impose any penalties on/upon us. ***despite = trotz.***
32. Are you familiar with our company rules? Otherwise, I will give you a handout. ***to be familiar with = kennen.***
33. Mr. Brown is the new HR manager at an international company and will be responsible for 500 staff from the beginning of next month.
34. I was very surprised. The work Mary has handed in was so unlike anything she handed in before. What is wrong with her? ***unlike = anders.***
35. Against this background, I can't leave you alone with the responsibility. ***Wir sagen vor dem Hintergrund, im Englischen ist es gegen = against.***
36. Thomas handed over the documents to me just as I was passing by his office. ***as hat mehrere Bedeutungen, hier bedeutet es gerade in dem Moment.***
37. There must be a solution to/for/of the problem. Tell me, are we getting close?
38. Let's talk about/through all options next week, shall we? ***Der Unterschied zu talk over: durchsprechen, aber hier will man über etwas sprechen: about.***
39. These are the framework conditions within which we have to operate. ***Innerhalb!***
40. Tom and Frank never find common ground. They always are of opposite opinion. ***Gegensätzlicher Meinung!***

FIND & FIX THE MISTAKE

41-60/60 **BUSINESS** 10
GERUND, PREPOSITIONS

41. You will find all the information you need in the internet.
42. I have to leave early this afternoon because I am looking for the dog from my sister for a few days.
43. Peter said he would release the new figures at the afternoon.
44. Can I book my holiday in July? - It depends of when your colleagues have booked their holiday.
45. The board members discussed about the issue for hour.
46. The motivation of our boss is over the normal.
47. Marianne left all files on her colleague's desk like he had told her to do.
48. Roman is our employee who likes to cover the shifts in the night.
49. The boss was very cross with the employees and said the team lacked of discipline.
50. The secretary felt so angry of her boss because he had shouted at her.
51. There are so many young people who are good in engineering, so why can't we get any new staff?
52. Are there any more offices over this floor?
53. In this picture you can see the London office from our colleague Sue.
54. The company has been family-owned since 200 years.
55. The launch of our new product is at Wednesday on 4 pm.
56. When I need to go to Dublin the next time, I will travel with the train.
57. I need some information about renewable energy. Can you please look after this on the internet for me?
58. We will not open at Christmas Eve this year.
59. Can you please switch out all the lights and computers when you leave?
60. We can talk over the problems of your budget tomorrow morning, if you want.

CHECK YOUR ANSWERS

41-60/60 **BUSINESS**
GERUND, PREPOSITIONS

41. You will find all the information you need **on** ~~in~~ the internet.
Wir sagen im Internet, aber im Englischen: on the internet.
42. I have to leave early this afternoon because I am looking **after** ~~for~~ the dog **of** ~~from~~ my sister for a few days. ***Wird häufig verwechselt: to look for = suchen, to look after = sich kümmern um. of my sister = my sister's dog.***
43. Peter said he would release the new figures **in** ~~at~~ the afternoon.
44. Can I book my holiday in July? - It depends **on** ~~of~~ when your colleagues have booked their holiday. ***to depend on = abhängen von.***
45. The board members discussed ~~about~~ the issue for hour.
You discuss something, kein about notwendig!
46. The motivation of our boss is **beyond** ~~over~~ the normal. ***darüber hinaus.***
47. Marianne left all files on her colleague's desk **as** ~~like~~ he had told her to do.
48. Roman is our employee who likes to cover the shifts **at** ~~in the~~ night.
Es ist verwirrend: in the morning, afternoon, but at night!
49. The boss was very cross with the employees and said the team lacked ~~of~~ discipline.
to lack something = fehlen an.
50. The secretary felt so angry **at/with** ~~of~~ her boss because he had shouted at her.
You are angry at people, not with.
51. There are so many young people who are good **at** ~~in~~ engineering, so why can't we get any new staff? ***to be good/bad at something = etwas gut/ schlecht können.***
52. Are there any more offices **above** ~~over~~ this floor?
räumlich statisch, keine Bewegung.
53. In this picture you can see the London office **of** ~~from~~ our colleague Sue.
54. The company has been family-owned **for** ~~since~~ 200 years. ***Zeitspanne = for.***
55. The launch of our new product is **on** ~~at~~ Wednesday **at** ~~on~~ 4 pm.
56. When I need to go to Dublin the next time, I will travel **by** ~~with the~~ train.
57. I need some information about renewable energy. Can you please look **for** ~~after~~ this on the internet for me? ***to look for = suchen.***
58. We will not open **on** ~~at~~ Christmas Eve this year. ***Hier ist der bestimmte Tag gemeint, daher on, wie on Wednesday, Sunday etc.***
59. Can you please switch **off** ~~out~~ all the lights and computers when you leave?
60. We can talk **about** ~~over~~ the problems of your budget tomorrow morning, if you want.

Well done! You've made it through!

Coincidence = Zusammentreffen, Koinzidenz, Fügung.

Zum Zeitpunkt als ich die letzten Seiten für dieses Buch schreibe, findet das Spiel England-Deutschland im Achtelfinale der EM 2021 statt. Wembley, 40.000 Zuschauer (viewers, spectators, onlookers). Ein „Fußball-Klassiker", historisch und emotional aufgeladen", schreibt die Presse. Die Engländer hoffen vor dem Anstoß (kickoff) auf einen Sieg wie vor 55 Jahren. Damals, 1966, gewinnt England in Wembley und damit die Weltmeisterschaft (world championship). Endstand 2021 (final score) 2:0 für den Gastgeber (host). England jubelt. (England cheers).

To cheer = anfeuern, bejubeln
cheers = Jubel, Begeisterung, aber auch: Prost und Danke!

CHEERS FOR LEARNING WITH ME!

You have come to the end of all exercises, so take an extra deep breath! Congratulations!

Persönliche Notizen

Englische Grammatik - Teil 1: Zeiten!

Liebe*r Leser*in,

ich hoffe sehr, Sie konnten ihre Englischkenntnisse mit diesem Buch aufbessern. Das Buch ist derart konzipiert, dass es auch gerne mehrfach durchgearbeitet werden oder ganz konkrete Zeiten geübt werden können.

In eigener Sache würde ich mich sehr freuen, wenn Sie dieses Buch auf Amazon kurz positiv bewerten, um es inmitten vieler anderer Titel sichtbar zu halten. Danke!
Link zum Buch:

Darüber hinaus möchte ich Sie auf den ersten Teil dieser Buchreihe hinweisen. Nachdem Sie nun wissen, wie Sie die englische Grammatik richtig anwenden, können Sie in Teil 1 ihre Kenntnisse hinsichtlich des Einsatzes der richtigen Zeiten im Rahmen alltagsnaher Übungen mit Fokus auf das Vokabular Freizeit & Business vertiefen.

Englische Grammatik richtig anwenden
Teil 1 Englische Zeiten in der Praxis
Print-ISBN Band 1: 978-3-98538-161-6

Liste: 65 häufige Verben im Simple Present und Simple Past

Die folgenden Seiten dienen dazu, die gängigsten englischen Verben aufzuführen, und zwar in den Zeiten SIMPLE PRESENT und SIMPLE PAST – in positiven Sätzen. Ich glaube, eine Übersicht wie diese hilft Lernenden, Verben und Verbformen einzuüben, vor allem das he/she/it „s“ und die unregelmäßigen Formen des SIMPLE PAST! In alphabethischer Order (englische Verben):

SIMPLE PRESENT	SIMPLE PAST	INFINITIVE/ GRUNDFORM
I, you, we, they allow her to go.	...allowed her to go.	to allow - erlauben
He, she, it allows her to go.	...allowed her to go.	
I, you, we, they ask for the way.	...asked for the way.	to ask - fragen
He, she, it asks for the way.	...asked for the way.	
I, you, we, they are nice.	...were nice.	to be - sein
He, she, it is nice.	...was nice.	
I, you, we, they become a teacher.	...became a teacher.	to become - werden
He, she, it becomes a teacher.	...became a teacher.	
I, you, we, they begin to work.	...began to work.	to begin - anfangen
He, she, it begins to work.	...began to work.	
I, you, we, they believe in God.	...believed in God.	to believe - glauben
He, she, it believes in God.	...believed in God.	
I, you, we, they build cars.	...built cars.	to build - bauen
He, she, it builds cars.	...built cars.	
I, you, we, they buy locally.	...bought locally.	to buy - kaufen
He, she, it buys locally.	...bought locally.	
I, you, we, they can sing.	...could sing.	can - können
He, she, it can sing.	...could sing.	MODALVERB
I, you, we, they change money.	...changed money	to change - wechseln
He, she, it changes money.	...changed money.	
I, you, we, they come home.	...came home	to come - kommen
He, she, it comes home.	...came home.	

I, you, we, they consider to leave.	...considered to leave.	to consider - überlegen
He, she, it considers to leave.	...considered to leave.	
I, you, we, they create something.	...created something.	to create - erschaffen
He, she, it creates something.	...created something.	
I, you, we, they cut the grass.	...cut the grass.	to cut - schneiden
He, she, it cuts the grass.	...cut the grass.	
I, you, we, they do the homework.	...did the homework.	to do - tun, machen
He, she, it does the homework.	...did the homework.	
I, you, we, they exchange clothes.	...exchanged clothes.	to exchange - tauschen
He, she, it exchanges clothes.	...exchanged clothes.	
I, you, we, they exclude her.	...excluded her.	to exclude - ausschließen
He, she, it excludes her.	...excluded her.	
I, you, we, they expect respect.	...expected respect.	to expect - erwarten
He, she, it expects respect.	...expected respect.	
I, you, we, they fall down.	...fell down.	to fall - fallen
He, she, it falls down.	...fell down.	
I, you, we, they feel lonely.	...felt lonely.	to feel - fühlen
He, she, it feels lonely.	...felt lonely.	
I, you, we, they forget the number.	...forgot the number.	to forget - vergessen
He, she, it forgets the number.	...forgot the number.	
I, you, we, they get pocket money.	...got pocket money.	to get - bekommen
He, she, it gets pocket money.	...got pocket money.	
I, you, we, they go shopping.	...went shopping.	to go - gehen
He, she, it goes shopping.	...went shopping.	
I, you, we, they grow fast.	...grew fast.	to grow - wachsen

He, she, it grows fast.	...grew fast.	
I, you, we, they happen to know.	...happened to know.	to happen - passieren
He, she, it happens to know.		...happened to know.
I, you, we, they have a shower.	...had a shower.	to have - haben
He, she, it has a shower.	...had a shower.	
I, you, we, they hear a noise.	...heard a noise.	to hear - hören
He, she, it hears a noise.	...heard a noise.	
I, you, we, they hold hands.	...held hands.	to hold - halten
He, she, it holds hands.	...held hands.	
I, you, we, they include a gift.	...included a gift.	to include - beinhalten
He, she, it includes a gift.	...included a gift.	
I, you, we, they keep a secret.	...kept a secret.	to keep - behalten
He, she, it keeps a secret.	...kept a secret.	
I, you, we, they leave quietly.	...left quietly.	to leave - verlassen, gehen
He, she, it leaves quietly.	...left quietly.	
I, you, we, they let it go.	...let it go.	to let - lassen, vermieten
He, she, it lets it go.	...let it go.	
I, you, we, they listen to music.	...listened to music.	to listen - zuhören
He, she, it listens to music.	...listened to music.	
I, you, we, they live next door.	...lived next door.	to live - wohnen, leben
He, she, it lives next door.	...lived next door.	
I, you, we, they look for help.	...looked for help.	to look for - suchen
He, she, it looks for help	...looked for help.	
I, you, we, they love you.	...loved you.	to love - lieben
He, she, it loves you.	...loved you.	
I, you, we, they meet every day.	...met every day.	to meet - (sich) treffen
He, she, it meets every day.	...met every day.	

I, you, we, they must buy a ticket.	...had to buy a ticket.	must - müssen
He, she, it must buy a ticket.	...had to buy a ticket.	MODALVERB
I, you, we, they offer rooms.	...offered rooms.	to offer - anbieten
He, she, it offers rooms.	...offered rooms.	
I, you, we, they plant trees.	...planted trees.	to plant - pflanzen
He, she, it plants trees.	...planted trees.	
I, you, we, they put it on the table.	...put it on the table.	to put - legen, stellen
He, she, it puts it on the table.	...put it on the table.	
I, you, we, they read newspapers.	...read newspapers.	to read - lesen
He, she, it reads books.	...read books.	
I, you, we, they remember.	...remembered.	to remember - erinnern
He, she, it remembers.	...remembered.	
I, you, we, they say hello.	...said hello.	to say - sagen
He, she, it says hello.	...said hello.	
I, you, we, they see father.	...saw father.	to see - sehen, aufsuchen
He, she, it sees father.	...saw father.	
I, you, we, they seem unhappy.	...seemed unhappy.	to seem - scheinen, wirken
He, she, it seems unhappy.	...seemed unhappy.	
I, you, we, they sell food.	...sold food.	to sell - verkaufen
He, she, it sells food.	...sold food.	
I, you, we, they send text messages. ...sent text messages.	to send - schicken, senden	
He, she, it sends text messages.	...sent text messages.	
I, you, we, they serve people.	...served people.	to serve – (be-)dienen,
He, she, it serves people.	...served people.	
I, you, we, they set the tone.	...set the tone.	to set - einstellen
He, she, it sets the tone.	...set the tone.	
I, you, we, they show the way.	...showed the way.	to show - zeigen
He, she, it shows the way.	...showed the way.	

I, you, we, they speak up.	...spoke up.	to speak - sprechen
He, she, it speaks up.	...spoke up.	
I, you, we, they spend much money. ...spent much money.	to spend - ausgeben	
He, she, it spends much money.	...spent much money.	
I, you, we, they stand at the door.	...stood at the door.	to stand - stehen
He, she, it stands at the door.	...stood at the door.	
I, you, we, they start again.	...started again.	to start - beginnen
He, she, it starts again.	...started again.	
I, you, we, they stay overnight.	...stayed overnight.	to stay - verweilen, bleiben
He, she, it stays overnight.	...stayed overnight.	
I, you, we, they stop talking.	...stopped talking.	to stop - anhalten
He, she, it stops talking.	...stopped talking.	
I, you, we, they take the soup.	...took the soup.	to take - nehmen
He, she, it takes the soup.	...took the soup.	
I, you, we, they try out tennis.	...tried out tennis.	to try - versuchen
He, she, it tries out tennis.	...tried out tennis.	
I, you, we, they understand me.	...understood me.	to understand - verstehen
He, she, it understands me.	...understood me.	
I, you, we, they wait every day.	...waited every day.	to wait - warten
He, she, it waits every day.	...waited every day.	
I, you, we, they want ice-cream.	...wanted ice-cream.	to want - wollen, mögen
He, she, it wants ice-cream.	...wanted ice-cream.	
I, you, we, they watch the new.	...watched the news.	to watch - ansehen
He, she, it watches the news.	...watched the news.	
I, you, we, they work late.	...worked late.	to work - arbeiten
He, she, it works late.	...worked late.	

Lernfortschritte erkennen und abschließende Tipps

Sicher möchten Sie wissen, wie Sie Ihre Lernfortschritte messen können - falls Sie keine/n LehrerIn/TrainerIn haben oder einen Kurs besuchen, erhalten Sie schließlich keinerlei Rückmeldung.

Eine Art der Rückmeldung erfahren Sie über die Häufigkeit an Fehlern bei Übungen, die Sie machen. Nimmt die Fehlerquote ab, haben Sie sich verbessert. Sie können auch in Abständen Einstufungstests nutzen (diese sind online kostenlos möglich).

Die nachfolgenden zehn Fragen geben Ihnen zudem eine Anregung, eigenständig und ehrlich zu reflektieren:

1 Verwenden Sie ein *Lern-System*, um neue Wörter und Ausdrücke zu behalten? Notieren Sie beispielsweise wichtige Wörter in einer Kladde, einer App oder Ähnlichem?

2 Fällt es Ihnen zunehmend leichter, Vokabeln zu behalten, weil Sie diese regelmäßig wiederholen?

3 Fällt es Ihnen zunehmend leichter, Inhalte englischer Texte und/oder Filme zu verstehen, auch wenn Sie nicht alle Vokabeln kennen und stört es Sie nicht weiter, wenn Ihnen Wörter „fehlen"?

4 Fallen Ihnen auf Anhieb 15 Adjektive ein (beispielsweise solche, die Sie als Person beschreiben) und kennen Sie den Unterschied zu Adverbien?

5 Fallen Ihnen auf Anhieb 15 Gegensätze ein (möglicherweise gegensätzliche Eigenschaften)?

6 Könnten Sie – theoretisch – Ihre Einkaufs- und/oder Ihre geschäftlichen To-Do-Liste auf Englisch schreiben?

7 Können Sie Ihre Küche auf Englisch relativ mühelos beschreiben? Wo steht was? Beschreiben Sie den Raum genau, vergessen Sie auch die Fußleisten nicht! Gehen Sie alle Räume im Haus durch. Macht Ihnen das Spaß?

8 Wären Sie in der Lage, zwei bis drei Minuten spontan über ein Thema Ihrer Wahl frei zu sprechen sollten? Versuchen Sie es ruhig laut (ohne Zuhörer).

9 Stellen Sie Fragen auf Englisch richtig? Versuchen Sie im Kopf fünf Fragen auf Englisch zu formulieren, die Sie demnächst sowieso an Ihre FreundInnen/KollegInnen richten wollen.

10 Übung macht den Meister – Können Sie spontan gedanklich problemlos ins Englische wechseln? Damit simulieren Sie das, was passiert, wenn Sie eine Zeitlang im Ausland leben: Ihr Gehirn lernt, automatisch zwischen den Sprachen hin- und her zu schalten.

Jeder Lernprozess ist, genauso wie jeder Lernerfolg, sehr individuell. Sie kennen sich selbst am besten: Lernen Sie in der Regel schnell, brauchen Sie viele Wiederholungen? Lernen Sie leicht Sprachen? Vertrauen Sie auf Methoden, die Ihnen in der Vergangenheit geholfen haben und nutzen Sie diese – und setzen Sie sich **erreichbare** Ziele.

Lernen sollte vor allem Spaß machen und wenn es das tut, funktioniert es am besten.

Mit diesem Buch biete ich Ihnen aus grammatikalischer Sicht die Möglichkeit, alle wichtigen Zeiten der englischen Sprache anhand von zahlreichen Beispielsätzen richtig einzuüben. Dabei war es mir wichtig, sinnvolle und möglichst lebensnahe Beispiele zu wählen. Beim Schreiben der Übungsteile habe ich mir stets vorgestellt, wie die Sätze in einer Unterhaltung „unter Engländern" quasi laut ausgesprochen worden wären.

Sie treffen ständig Entscheidungen, auch wenn Sie eine Sprache lernen. Sie entscheiden, wie wichtig Ihnen das Thema ist, wieviel Zeit Sie investieren und welches Ziel Sie wann erreichen wollen. Dieses Buch ist so aufgebaut, dass Sie diese Entscheidungen völlig individuell treffen können: Sie wählen aus, was Sie interessiert und was nicht. Sammeln Sie Ihr bisheriges Wissen zur englischen Grammatik zusammen und ergänzen Sie es um die für Sie neuen Aspekte. So entscheiden Sie, welche Kapitel von weniger und welche von größerer Bedeutung sind. Eine Entscheidung haben Sie mit dem Kauf des Buches bereits getroffen: Ihre Englisch-Kompetenzen sollen sich verbessern. Nichts weniger als das ist mein Anliegen.

Schlagwörter - Grammar Keywords

Adjectives, Adjektive: Die sogenannten „wie-Wörter", sie beschreiben Eigenschaften, wie jemand oder etwas *ist/sind*: schnell, schlau, groß, klein, dick, dünn.

Adverbs, Adverbien: Die sogenannten „Umstandswörter", sie beziehen sich darauf, wie jemand etwas *tut*: sie läuft *schnell*. Er antwortet *erbost*. Im Englischen erhalten diese Wörter meistens die Endung *–ly*.

Aktiv und **passiv** sind sogenannte „Handlungsrichtungen" in der Grammatik. Aktiv ist die *Tätigkeitsform* (Ich tue etwas): I build a house. Passiv ist die Leideform: (Etwas wird von mir getan): The house is built by me.

Bedeutung für JETZT – Kriterium für Present Perfect: PRESENT PERFECT ist die Zeit der englischen Grammatik, die niemand so richtig mag - hier kommt ein Kriterium zum Tragen, das besagt: es gibt eine Bedeutung für den Moment JETZT, beispielsweise bei der Vermittlung von Nachrichten. Diese stehen oft im PRESENT PERFECT, denn für den/die LeserIn/ZuschauerIn ist die Information JETZT neu und wichtig! „Mr Müller *has announced* he will step down at the end of this month."

BIG 5: Ich verwende diesen Begriff für die zentralen fünf Zeiten der englischen Grammatik: SIMPLE PRESENT, PRESENT CONTINUOUS, SIMPLE PAST, PRESENT PERFECT und WILL FUTURE. Wer diese Zeiten richtig anwenden kann, verfügt über einen soliden Grundstock und kann die meisten Informationen kommunizieren.

Business: Dieser Hinweis im Buch bezieht sich auf den Übungsteil mit dem Schwerpunkt Business, das heißt Vokabular und Rahmenhandlungen beziehen sich hierauf.

Continuous, Verlaufsform: Dieses Konzept ist wichtig in der englischen Grammtik und bezieht sich auf Konstruktionen von Tätigkeitsverben mit der Endung *-ing*: doing, learning. Oft lautet die Erklärung „etwas ist im Verlauf". Im Deutschen würden wir umgangssprachlich sagen „Ich bin am Arbeiten." Noch wichtiger ist aber zu merken *–ing* bezieht sich auf eine Zeitspanne, einen Zeitraum. Ich kann in der englischen Grammatik nämlich auch einen Zeitraum in der Vergangenheit und Zukunft meinen – und brauche dafür auch eine Form des Continuous. „Continuous" und „progressive" sind zwei Bezeichnungen für dieselbe Verlaufsform.

Contractions, Kurzform: Von contractions spricht man, wenn Wörter verkürzt werden, im Englischen geschieht dieses in der Regel über das Apostroph: he is = he's. Ich verwende diesen Begriff auch für Kurzantworten: Do you like chocolate? Yes, I do.

collective nouns: Polizei ist ein „kollektives Hauptwort", denn wir meinen damit in der Regel die Polizeikräfte (viele Menschen).

Compound words: bezieht sich auf „zusammengesetzte" Wörter, hier: *anything, something* etc.

Essentials: Bezieht sich auf die wichtigsten Informationen zu jedem Grammatik-Thema.

Form des Verbs – bezieht sich auf die 1., 2. oder 3. Form eines Verbs: Eine Herausforderung in der englischen Grammatik sind die unregelmäßigen Verben. Damit es leichter verständlich ist, verwende ich diese Bezeichnung, denn die meisten Lernenden haben die Listen – mit drei Spalten – vor Augen.

Ersatzform – notwendig zur Bildung einiger Zeiten bei Modalverben für will, must, can (und andere) bestehen diese sogenannten Ersatzformen, damit alle Zeiten gebildet werden können, z.B.: must = *have to*.

Fragewörter: Wer, wie, was, warum, wann etc.

Grundform/Infinitive: Dieser Begriff kommt häufig bei Erläuterungen vor. Es ist quasi die „Ausgangsform" eines Verbs und wird in der englischen Grammatik mit dem *to* angezeigt: to go, to swim, to help...

Hilfsverb: In der Grammatik unterscheidet man zwischen Vollverben und Hilfsverben. Vollverben drücken die Tätigkeit im Satz aus, Hilfsverben *helfen*, eine Grammatik zu bilden. Im Englischen sind das *to be, to do, to have*.

Indirekte Rede/Backshifting: Wird verwendet, wenn wir wiedergeben, was jemand anderes gesagt hat: *She said he had called her eventually.* Zu diesem Thema finden Sie in diesem Buch nur eine Anmerkung. Falls Sie sich dafür interessieren, informieren Sie sich bitte online. Für Lernende der englischen Sprache steht das Thema – aus meiner Sicht – hinten an und hat aus diesem Grund hier keinen Platz gefunden. Verwendet wird es zum Beispiel, um Nachrichten zu übermitteln.

Infinitive = Grundform: Dieser Begriff kommt häufig bei Erläuterungen vor. Es ist quasi die „Ausgangsform" eines Verbs und wird in der englischen Grammatik mit dem *to* angezeigt: to go, to swim, to help...

Kurzantwort: Auf geschlossene Fragen können Sie immer mit einer Kurzantwort reagieren: Do you like fish? Yes, I do / No, I don't.

Leisure: Dieser Hinweis bezieht sich auf den Übungsteil mit dem Schwerpunkt Freizeit, das heißt Vokabular und Rahmenhandlungen beziehen sich hierauf. Es gibt mehr Hilfestellung als im Bereich Business.

Modalverben: Grammatikalisch meint modal „Notwendigkeit, Möglichkeit". Gemeint sind hiermit im Englischen Verben wie *must, can, should, will* etc...

Partizip: Bezieht sich auf die 3. Form (Partizip Perfect) eines Verbs.

Passiv und Aktiv sind sogenannte „Handlungsrichtungen" in der Grammatik. Passiv ist die *Leideform*: (Etwas wird von mir getan) The house is built by me. Aktiv ist die Tätigkeitsform (Ich tue etwas) I build a house.

Progressive: siehe continuous – ich verwende den Begriff continuous in diesem Buch.

Question tags: Mithilfe dieser wird um eine Bestätigung gefragt: You like Mike, don't you?

Quick Reader: Bezieht sich hier im Buch auf kurze Übersichten im Erläuterungsteil zu jeder Grammatik. Wer nicht viele Erläuterungen braucht und wem schon kleine Anstösse helfen, die/der möchte vielleicht auf diese Weise die Grammatik wiederholen.

Short answer: auf die sogenannten geschlossenen Fragen können Sie immer mit einer Kurzantwort reagieren: Do you like fish? Yes, I do / No, I don't.

Statische Verben = Zustandsverben: Diese Verben sind eine „Bedeutungsklasse" von Verben. Sie verweisen auf Situationen ohne Dynamik. Wichtig und deutlich wird der Unterschied zu dynamischen Verben im PRESENT CONTINUOUS, wenn Tätigkeiten über einen Zeitraum ausgeübt werden. Ausnahme: statische Verben, z.B. *denken*.

Subjekt, subject: Vereinfacht könnte man sagen, das ist der „Satzgegenstand", also wer oder was tut etwas, mit wem/was passiert etwas. Es handelt sich dabei häufig um eine Person oder Sache.

Tag questions: Beziehen sich auf Fragen, mithilfe derer um eine Bestätigung gefragt wird: You like Mike, don't you?

Verlaufsform: siehe continuous

Vollverb: Drückt die Haupttätigkeit des Satzes aus.

Zustandsverben: = Statische Verben, die eine „Bedeutungsklasse" von Verben sind und auf Situationen ohne Dynamik verweisen. Wichtig und deutlich wird der Unterschied zu dynamischen Verben im PRESENT CONTINUOUS (Zeitform), in der Tätigkeiten über einen Zeitraum ausgeübt werden, Ausnahme: statische Verben, z.B. *denken*.

Weitere Bücher von mir

LEAN on ENGLISH GRAMMAR BIG 5
Fünf Zeiten richtig anwenden und sicher auf Englisch kommunizieren
ISBN-13: 978-3-7568-8924-2 (Feb 2023, BOD)

ENGLISCHE GRAMMATIK
Regeln, Beispiele, Übungen für ein fehlerfreies Englisch.
ISBN-13: 978-3-7306-0317-8 (Jan 2017, Anaconda)